Schätze aus dem Bremer
St. Petri Dom

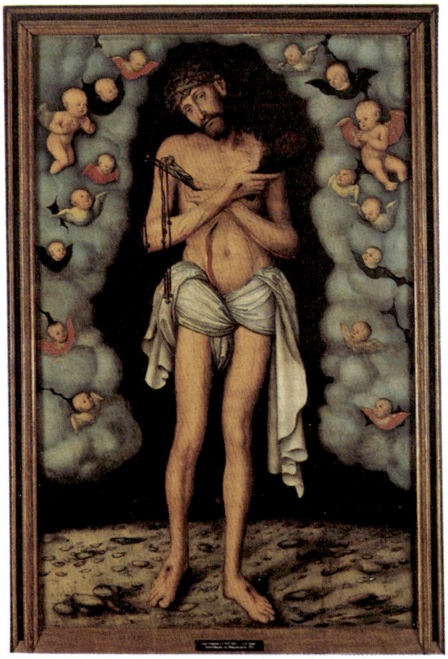

Der große Doppelraum im Erdgeschoss des Bremer Dom-Museums

Detlev G. Gross (Hrsg.)
Ingrid Weibezahn

Schätze aus dem Bremer St. Petri Dom

Führer durch das Dom-Museum

Band 1
der Schriftenreihe der Stiftung Bremer Dom e.V.

EDITION TEMMEN

Die Deutsche Bibliothek verzeichnet diese Publikation in der Deutschen Nationalbibliografie;
detaillierte bibliografische Daten sind im Internet über http://dnb.ddb.de abrufbar.

Bildnachweis:
Bremer Landesarchäologe: 40, 51, 91; Dom-Museum: 1, 2, 8–12, 14, 16, 17, 19–23, 25–27, 31, 33, 37, 41–45, 47, 49, 50, 53, 59, 61, 63–67, 69, 71–75, 77, 78, 80, 94, 125, 129, 135, 138, 141, 145, 149, 157, 159, 162, 165, 167; Dr. Ruempler: 28, 53, 97; ÖNB, Bildarchiv, Wien: 9, 48, 87; Gabriel Hildebrand, Riksantikvarieämbetet Stockholm: 54–56, 82, 110, 113, 117; Scheidulin, Bremen: 80, 129; St. Petri Dom, Bremen: 7, 24, 29, 32, 35, 38, 39, 57, 58, 101, 103, 105, 107, 119, 122, 131, 153; Verlagsarchiv: 6

1. Auflage 2005

Hohenlohestr. 21
28209 Bremen
Tel. 0421-34843-0
Fax 0421-348094
info@edition-temmen.de
www.edition-temmen.de

Gesamtherstellung: Edition Temmen
ISBN 3-86108-540-2

Inhalt

Bremer Bank

Zum Geleit

»Durch das Vergegenwärtigen vergangener
Zustände wird das augenblickliche
Dasein erhöht und bereichert.«

Johann Wolfgang v. Goethe

Der St. Petri Dom in Bremen bildet gemeinsam mit dem Roland und dem Bremer Rathaus das wichtigste Wahrzeichen der Stadt Bremen. Vom St. Petri Dom geht auch heute nach über 1200 Jahren wechselvoller Geschichte eine große und ungebrochene geistliche und kulturelle Ausstrahlung aus. Der Kirchenbau, die Gottesdienste, vielfältige gemeindliche und kulturelle Aktivitäten und nicht zuletzt die Kunstschätze des St. Petri Doms sind Träger dieser Ausstrahlung.

Links:
Der St. Petri Dom vom Marktplatz. Seit dem Jahre 789 erhebt sich in Bremen auf dem höchsten Punkt der Weserdüne der St. Petri Dom; das bestehende Bauwerk entstand seit 1042

Das Wort Dom war ursprünglich die Bezeichnung für das Haus der Christengemeinde, später für das Haus eines Bischofs, des Inhabers des höchsten kirchlichen Amtes in einem kirchlichen Amtsbezirk (domus episcopalis). Diese Bezeichnung wurde dann übertragen auf die Bischofskirche (Kathedrale). Schließlich wurde die Hauptkirche einer protestantischen Stadt häufig Dom oder - so eher in Süddeutschland - Münster genannt.

Petrus, der Schutzpatron des St. Petri Doms, war nach der biblischen Überlieferung Apostel, Heiliger und legendärer Gründer der christlichen Kirche in Rom. Er hieß eigentlich Simon. Er erhielt später den Beinamen Petrus, was auf Griechisch »Fels« bedeutet. Er war der Fels, auf den Jesus seine Kirche bauen wollte. Er war von Beruf Fischer und als einziger Apostel verheiratet. Petrus war ein im Leben vielfach Gescheiterter, und doch soll über seinem Grab die Peterskirche in Rom errichtet worden sein. In der Kunst wird Petrus oft mit zwei gekreuzten Schlüsseln dargestellt. Das Wappen der Freien Hansestadt Bremen zeigt einen silbernen Schlüssel in rotem Feld. Der Schlüssel ist geistlicher Herkunft, er ist das Attribut des Apostels Petrus. Der Schlüssel erscheint 1366 erstmals im Bremer Wappen. Erst mit der allmählichen Trennung der geistlichen von der weltlichen Herrschaft verändert auch der Schlüssel seine Bedeutung und wird zum Bremer Schlüssel, der die Welt aufschließt.

Die gekreuzten Schlüssel bilden das Wappen des einstigen Erzbistums Bremen-Hamburg, hier auf einem Steinrelief im St. Petri Dom. Es leitet sich vom Attribut des Apostels Petrus (Schlüssel) her

Der erste christliche Kirchenbau in Bremen wurde am 1. November 789 von Bischof Willehad Petrus geweiht, und zwar an der Stelle, an der auch heute noch der St. Petri Dom steht. Möglicherweise befand sich dort zuvor ein germanisches Heiligtum. Bischof Willehad war von Karl dem Großen mit der Gründung eines Bistums und der Missionierung beauftragt worden. Willehad gründete dieses Bistum in Bremen. Es wurde

später zum Ausgangspunkt der Missionierung Nordeuropas und zu einem »Rom des Nordens«. Von Bremen aus wirkten berühmte Missionare, unter ihnen Ansgar, der Apostel des Nordens, heilig gesprochen von Papst Nikolaus I., und Berater des deutschen Kaisers.

Architektonischer Kern des St. Petri Doms ist ein von Erzbischof Bezelin (1035-1043) nach dem Brand des ursprünglichen Kirchenbaus begonnener und von Erzbischof Liemar (1072-1101) vollendeter romanischer Bau, sein Vorbild war der frühromanische Kölner Dom. Anders als etwa in Speyer, Worms oder Mainz sorgten Kaiser und Reich aber in Bremen nicht dafür, dass der St. Petri Dom in einheitlicher Gestaltung innerhalb von kurzer Zeit ausgeführt wurde. Vielmehr kam die Bautätigkeit neun Jahrhunderte lang nicht zum Stillstand.

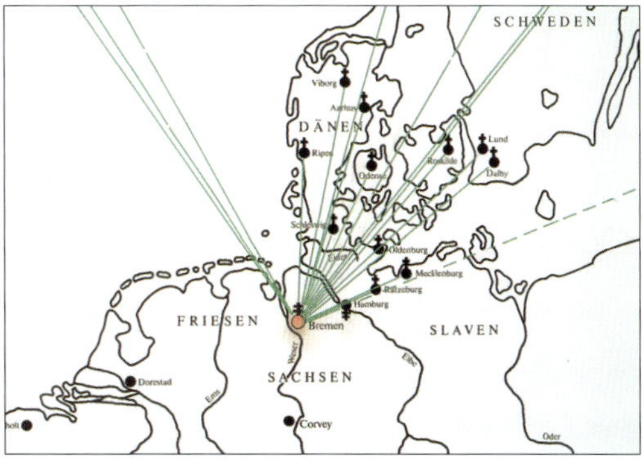

Die Karte zeigt die große Bedeutung des Erzbistums Bremen-Hamburg für die Missionierung von Nordeuropa im 10./11. Jahrhundert.
Die Missionsreisen führten Bremer Geistliche bis nach Skandinavien sowie zu den Orkney-Inseln, nach Island und Grönland

Die Schöpfer mittelalterlicher Kathedralen hatten sich keine geringere Aufgabe gestellt, als mit den Mitteln aller Künste den Himmel und das Himmlische Jerusalem darzustellen. Die christliche Kunst bis hinein ins hohe Mittelalter stellte sich den Himmel nicht so vor wie später in der Barock-Zeit, als ein ätherisches Wolken- und Lichtreich. Die Vorstellung des Mittelalters fußte vielmehr auf der Heiligen Schrift, insbesondere auf der Offenbarung des Johannes. Himmel war danach vor allem himmlische Architektur: Himmelsstadt, himmlischer Thronsaal und Himmelsburg. Kathedralen waren aber auch eine Wiedergabe eines typischen spätantiken Stadtbildes mit Stadttor (Fassade), eingeschossiger Arkadenhallenstraße (Langhaus), Hauptquerstraße (Querschiff) und Heiligtum bzw. antikem Thronsaal (Altar). Der Weg durch die Kathedrale zeichnete den Weg des Gläubigen durch das Leben nach, von der Geburt über die Taufe bis in das Himmelreich. Alles diente dem »Emporsteigen des Gedankens zum Ewigen hinauf« (Sedlmayr), das »klangreich und farbig, zugleich verschwommen und schwebend« zum

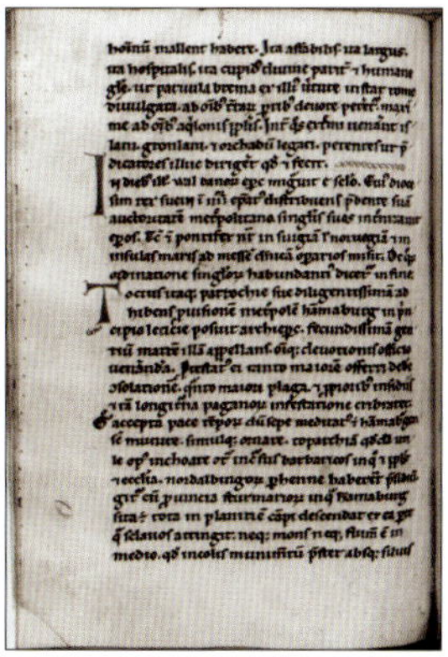

Rechts:
Der Geschichtsschreiber Adam von Bremen (um 1035–um 1081) rühmte die wichtige Rolle Bremens für die Missionsarbeit und verglich den Ort mit einem »Rom des Nordens« (»ut parvula Brema ... instar Romae divulgata« = dass das kleine Bremen als ein Abbild Roms bekannt wurde)

Links:
Der Bildhauer Heinrich Gerhard Bücker (*1922) aus Beckum-Vellern schuf 1978 das Bronzegitter auf dem Hochchor des St. Petri Domes. Die Figuren von Bischof Willehad und Karl dem Großen erinnern an die Gründung des Bistums Bremen im Jahre 787

Die Westfassade des St. Petri Domes nach Einsturz des Südturmes am 27. Januar 1638. Öl auf Leinen; Maße: H. 77,5 cm, B. 67 cm. Künstler unbekannt, entstanden um 1643. Im Jahre 1638 stürzte der südliche Domturm aufgrund der baulichen Vernachlässigung während der vorangegangenen 77-jährigen Schließung des Doms ein. Das Gemälde zeigt die Westfassade des Doms wenige Jahre nach dem Einsturz; der Turm wurde erst im Rahmen der großen Domrestaurierung ab 1887 und in den folgenden Jahren wiederaufgebaut

Ausdruck gebracht wurde. Dem diente auch der Kirchenschatz, also liturgische Geräte (Leuchter, Abendmahlskannen), geistliche Gewänder aller Art (Paramente), Behälter mit Reliquien, d.h. Überreste von Heiligen (Reliquiare) und mittelalterliche Handschriften.

Der Bremer Domschatz (Thesaurus) wird erstmalig um 994 erwähnt, als er vor einer drohenden Plünderung durch herannahende Wikinger in Bücken bei Verden in Sicherheit gebracht wurde. Könige und Erzbischöfe sorgten für eine »Grundausstattung« des St. Petri Doms, alles Übrige wurde durch Mäzene und Stifter beschafft. Wichtigste Mäzenatin des Mittelalters war Gräfin Emma von Lesum († 1038). Sie ist jedem Bremer u.a. deshalb bekannt, weil sie nach einer Sage den Bremern die Bürgerweide geschenkt haben soll, ein ursprünglich von Utbremen bis Schwachhausen reichendes Gebiet, das anfangs als Gemeinweide für die Viehherden Altstädter Bürger diente, später wesentlich verkleinert wurde und dessen Reste nach 1865 dem Bürgerpark, dem größten öffentlichen Park Bremens, zugeschlagen wurden.

Teile des einstigen Bremer Domschatzes sind heute in ganz Europa verstreut, u.a. im Louvre in Paris, in der Österreichischen Nationalbibliothek in Wien, der Bibliothèque Royale zu Brüssel sowie in Kirchen in Manchester, München, Pommersfelden und Reading. Grund für diese unwiederbringlichen Verluste waren zum Teil wirtschaftliche Schwierigkeiten, aber auch historische Umwälzungen. Seit der Reformation des Glaubens während des 16. Jahrhunderts, die allein den Glauben (sola fides), die Gnade (sola gratia) und die Heilige Schrift (sola scriptura) in den Vordergrund stellte, wurden auch in Bremen aus wundertätigen Reliquien für manche bloße Raritäten und Kuriosa. An vielen Orten wurden im Zuge der Reformation Kirchenschätze weitgehend aufgelöst.

Nicht nur der Kirchenschatz, sondern auch der Bau des St. Petri Domes wurde immer mehr vernachlässigt. Schließlich stürzte sogar der Südturm ein und blieb bis 1892 als Ruine liegen. Erst in der zweiten Hälfte des 19. Jahrhunderts, einer Zeit des nationalen und wirtschaftlichen Aufschwungs, wurde der St. Petri Dom unter der Führung des Bauherrn und Mäzens Franz Schütte (1836-1911) umfassend wiederhergestellt und restauriert. In den Jahren 1972-1984 kam es unter der Leitung des Bauherrn Hans Henry Lamotte (1922-2003) zu einer weiteren, groß angelegten Domrestaurierung. Dabei wurden in Kellern, auf Böden und in Türmen Plastiken und Architekturteile wiederentdeckt. Vor allem aber wurden in jahrelangen archäologischen Grabungen mittelalterliche Bischofsgräber mit einzigartigen, zum Teil vorzüglich erhaltenen Grabbeigaben gefunden. Was in vergangenen Zeiten durch Not und Unachtsamkeit verloren ging, sollte nun gesammelt, bewahrt und sachgerecht geordnet der Öffentlichkeit zugänglich gemacht werden. Zu diesem Zwecke gründeten Bremerinnen und Bremer 1976 unter der Führung von Hans Henry Lamotte einen gemeinnützigen Verein, die Stiftung Bremer Dom e.V. Mitglied der

Initiator und unermüdlicher Förderer der Domrestaurierung der 1970er Jahre war der Bremer Kaufmann Hans Henry Lamotte (1922–2003), seit 1965 Dombauherr und 1976 Gründer und langjähriger erster Vorsitzender der Stiftung Bremer Dom e.V. Ihm ist die Initiative zur Verlegung des Bleikellers und zur Einrichtung des Dom-Museums mit den Funden aus der archäologischen Grabung und weiteren kirchlichen Kunstwerken aus dem St. Petri Dom zu verdanken. Seiner nie ermüdenden Begeisterungsfähigkeit gelang es, viele Ehrenamtliche für den Dienst im Dom-Museum zu gewinnen, ohne deren engagierte Tätigkeit der tägliche Betrieb des Dom-Museums nicht denkbar wäre

Das Mittelschiff des St. Petri Domes, 1643, betitelt »S. Peters Kerke in Bremen 1643«. Kupferstich; Maße (m. Rahmen): H. 24,4 cm, B. 29,7 cm. Künstler: Johan Klump, 1643

Stiftung Bremer Dom e.V. sind Christen beider Konfessionen aus Gemeinden in und um Bremen sowie Unternehmen und Institutionen, welche die Anliegen der Stiftung Bremer Dom e.V. unterstützen. Die Stiftung Bremer Dom e.V. betreut das 1987 eröffnete Dom-Museum, das Museum für christliche Kunst und bremische Kirchengeschichte, fördert die Ökumene, erforscht die Geschichte und trägt zur baulichen Erhaltung des Bremer St. Petri Domes bei. Sie wird ausschließlich durch Spenden finanziert und kann ihre Aufgaben nur erfüllen, wenn sich immer wieder Bremerinnen und Bremer finden, die bereit sind, die Stiftung Bremer Dom e.V. durch Spenden und durch tätige Mitarbeit in den unterschiedlichsten Funktionen zu unterstützen.

Ziel der vorliegenden Veröffentlichung ist es, das Bremer Dom-Museum und die im Dom-Museum ausgestellten Schätze aus dem St. Petri Dom wissenschaftlich zu dokumentieren und einer breiten Öffentlichkeit vorzustellen. Zu diesem Zweck wird der Leser zunächst wie auf einem Rundgang durch das Dom-Museum geführt und mit den Exponaten vertraut gemacht. In einem zweiten Teil (Katalog) werden die einzelnen Objekte ihrer Entstehungsabfolge nach vorgestellt und unter Hinweis auf weiterführende Literatur beschrieben. In einem dritten Teil werden Fachausdrücke und Fremdwörter kurz erläutert. In einem vierten Teil findet sich eine Bibliographie wichtiger Veröffentlichungen, welche dem interessierten Leser eine vertiefte Befassung mit Einzelfragen ermöglichen und erleichtern soll. Abgerundet wird der vorliegende Band durch ein Personenregister. Ergänzend werden historische Fotografien und Kunstwerke aus den Beständen der St. Petri Domgemeinde publiziert, welche bisher der Öffentlichkeit kaum zugänglich waren. Sie dokumentieren Kunst, Kultur und Gemeindeleben in Geschichte und Gegenwart.

Der vorliegende Band richtet sich an alle Besucher Bremens und des Dom-Museums von nah und fern; er möchte gleichermaßen dem gebildeten Laien und dem wissenschaftlich Interessierten dienlich sein. Die Schriftenreihe der Stiftung Bremer Dom e.V., als deren Band 1 dieser Führer erscheint, beabsichtigt, zukünftig in zwangloser Folge Veröffentlichungen herauszugeben, die für die bremische Kirchengeschichte wichtig erscheinen. Den Druck dieses Bandes hat die Nicolaus H. Schilling Stiftung durch einen großzügigen Druckkostenzuschuß gefördert, wofür ihr herzlich gedankt sei.

Wer heute als Besucher die Innenstadt Bremens kennen lernt oder wer als Bremer Interesse an Geschichte und Kultur hat, nehme die Gelegenheit zu einem Besuch im St. Petri Dom und seinem Dom-Museum wahr. Er wird erfahren, wie wohltuend es ist, in einer immer schnelllebigeren Zeit das Schweigen einer alten Kirche zu ergründen und sich in ihre Stille zurückzuziehen. Der Besucher wird vielleicht die Räume wortlos sprechen hören von der Angst der Menschen vor dem Tod, aber auch von dem prachtvollen Optimismus der Christenheit. Er wird zu den Fundamenten des christlichen Abendlandes zurückkehren und ein Stück von jenem Wesenszug erfahren, der unsere Kultur und unsere Seele in einem gesunden Gleichgewicht hält: die Ehrfurcht vor dem Göttlichen. Vielleicht gehört es zu den großen Irrtümern der Neuzeit und des wissenschaftlichen Fortschrittsglaubens, anzunehmen, dass der Mensch frei und glücklich wird, wenn er die angeblichen Fesseln eines rational nicht fassbaren Glaubens abstreift. Vielleicht führt die mit der »Entzauberung der Welt« verbundene Dienstbarmachung der Natur nur zu neuen Unfreiheiten und es gilt, die »Wahrheit des Mythos« neu zu entdecken. Möglicherweise ist es das, was der Kulturhistoriker Jacob Burckhardt meinte, als er sagte: »Das Leben in der Moderne ist ein Geschäft, das Leben im Mittelalter war ein Dasein.«

Jeder Besucher des Bremer Dom-Museums mag seine eigenen Erfahrungen machen und bei der Betrachtung von Zeugnissen europäischer Kirchen- und Kulturgeschichte auf seine Weise »den Staub des Alltags abschütteln«. Er wird Freude, Bereicherung und eine Hebung und Weitung seines Blickes erfahren. Denn je weiter man zurückblicken kann, desto besser kann man verstehen und umso weiter kann man vorausschauen. Schauen Sie selbst. Wir freuen uns auf Sie.

Ihre Stiftung Bremer Dom e.V.
Detlev G. Gross
(Vorsitzender des Vorstandes)

Die Entstehung des Dom-Museums

Ansicht des barocken Hochaltars im St. Petri Dom. Illustration aus dem Buch des Dombauherrn Gerhard Meyer, »Einiges über die Denkwürdigkeiten der Domkirche in Bremen, 1828«. Handschriftlicher Zusatz: »Ist im May 1840 abgebrochen und durch einen Neuen ersetzt.« Farblithographie; Maße: H. 44 cm, B. 37,5 cm. Künstler nicht genannt, möglicherweise F. W. Weymann, entstanden vor 1828. Der Dom erhielt Ende des 17. Jahrhunderts einen Barockaltar nach dem Vorbild des Hochaltars in St. Peter, Rom. Von diesem Altar haben sich die Holzfiguren der vier Evangelisten erhalten, die auf dem Baldachin angebracht waren

Die Freie Hansestadt Bremen ist für viele Besucher in kulturhistorischer Hinsicht ein weitgehend weißer Fleck auf der Landkarte. Den Roland kennt man außerhalb der Stadtgrenzen und wohl auch das Rathaus und - je nach Alter und Interessenlage - die Bremer Stadtmusikanten oder die Bremer Kunsthalle mit ihren überregional beachteten Ausstellungen. Dass Bremen aber auch eine jahrhundertealte bedeutende kirchliche Geschichte und Tradition hat, dürfte den meisten Auswärtigen unbekannt sein, ist es doch selbst vielen Bremern nicht geläufig.

Der im Jahre 787 auf Veranlassung des damaligen fränkischen Königs und späteren Kaisers Karl der Große auf dem rechten Weserufer unweit der Fischer- und Bauernsiedlung »Bremun« gegründete kirchliche Amtsbezirk (Bistum) Bremen ist nach Osnabrück (785) das zweitälteste Bistum der niedersächsisch-westfälischen Region; das Bistum Minden wurde um 800, Münster 804, Paderborn um 805 gegründet. Als Vorsteher dieses neu gegründeten Bistums setzte Karl der Große den Glaubensverkünder (Missionar) Willehad ein, einen Geistlichen aus Northumberland, der schon früher in dieser Gegend als Prediger gewirkt hatte. Willehad wurde der erste Bremer Bischof. Einem seiner Nachfolger, dem berühmten Ansgar, gelang es sogar - allerdings erst nach langen Auseinandersetzungen mit der Kirchenleitung in Rom - das Bistum Bremen in ein Erzbistum umzuwandeln, einen aus mehreren Bistümern bestehenden Amtsbezirk.

Dass von der besonderen kirchengeschichtlichen Bedeutung Bremens im Bewusstsein der Bevölkerung so wenig zurückgeblieben ist, hängt sicherlich auch damit zusammen, dass das Erzbistum Bremen im Westfälischen Frieden nach dem Dreißigjährigen Krieg (1648) aufgelöst und damit die stolze Reihe der 47 Bischöfe und (seit 864) Erzbischöfe abbrach. Das Erzbistum Bremen wurde zusammen mit dem Bistum Verden zum weltlichen Herzogtum Bremen-Verden erklärt und stand zunächst unter schwedischer, später hannoverscher Verwaltung.

Durch die Auflösung des Erzbistums Bremen gelangten viele Kunstwerke und Gegenstände religiöser Verehrung in andere Hände; sie wurden nach Süddeutschland verkauft, wie etwa der kostbare Behälter für die sterblichen Überreste (Reliquienschrein) der beiden hoch verehrten Arztheiligen Cosmas und Damian, oder an benachbarte Bistümer abgegeben, ohne dass heutzutage in allen Fällen ein Nachweis über ihren Verbleib im Einzelnen zu führen wäre. Dennoch hat sich am Bremer Dom als einstiger Hauptkirche des Erzbistums (Metropolitankirche) über die Jahrhunderte eine Reihe von mittelalterlichen und frühneuzeitlichen Kunstwerken erhalten. Ein nicht unbeträchtlicher Teil dieser erhaltenen Kunstwerke gelangte in den ersten Jahrzehnten des 20. Jahrhunderts als Leihgaben der St. Petri Domgemeinde an das Focke-Museum[1], ein Teil verblieb im St. Petri Dom, einige Kunstwerke aus dem St. Petri Dom befinden sich in Museen und Bibliotheken des In- und Auslandes.

Die Beschäftigung mit Bremer Kirchengeschichte bekam in den siebziger Jahren einen beachtlichen Impuls durch die Aufdeckung der mittelalterlichen Begräbnisstätte (Sepultur) der Bremer Bischöfe anlässlich einer grundlegenden baulichen Erneuerung (Restaurierung) der St. Petri Domkirche. Die in den Gräbern gefundenen, dem Gottesdienst dienenden (sakralen) Gegenstände - Kelche und Hostienteller für Wein und Brot bei der Eucharistie bzw. Abendmahlsfeier, Holzstäbe mit spiralig gewundenem Ende (Krumm- oder Bischofsstäbe) und Bischofsringe als Ehrenzeichen der Bischöfe - bildeten zusammen mit den in jahrelanger Konservierung ausstellungsfähig gemachten Bischofsgewändern den Grundstock für ein neu einzurichtendes kirchliches Museum am Bremer Dom.

Die seit 1984 dafür laufenden Vorbereitungen waren im Frühjahr 1987 abgeschlossen und mündeten am 31.5.1987 in die Eröffnung des Bremer Dom-Museums. Auf zunächst gut 200, seit der Erweiterung im Jahre 1995 etwa 300 Quadratmetern Ausstellungsfläche werden sowohl die über Jahrhunderte geretteten älteren Kunstgegenstände (vorwiegend mittelalterliche figürliche Plastik) gezeigt als auch die nach dem Westfälischen Frieden (1648) neu hinzugekommenen Altargerätschaften und Gemälde. Den Höhepunkt der Sammlung bilden aber die in zwei Räumen ausgestellten mittelalterlichen Bischofsgewänder und Grabbeigaben, die in ihrer Geschlossenheit in Deutschland kaum ihresgleichen haben.

Durch die Aufdeckung völlig unberührter Grabstätten kamen nicht nur einzelne Gewandteile zur Ausstellung, wie dies in vielen anderen kirchlichen Sammlungen der Fall ist, sondern ganze zusammengehörige geistliche Gewänder (Ornate), teilweise durch die jahrhundertelange Lage-

1 Offizielle Bezeichnung: Bremer Landesmuseum für Kunst und Kulturgeschichte - Focke-Museum.

Das Mittelschiff des St. Petri Doms nach Osten mit Blick auf den Hochchor mit dem Barockaltar, betitelt »St. Petri Dom-Kirche in Bremen«. Aquatinta; Maße H. 54 cm, B. 44,5 cm. Künstler unbekannt, möglicherweise J.M. Molthan, entstanden um 1823–1830. Der Barockaltar diente der Gemeinde von 1697 bis 1840, als er durch einen neugotischen Altar ersetzt wurde

rung in Gräbern in bruchstückhaftem (fragmentarischem) Zustand. Nicht ausstellungsfähige Fundstücke sind in einem gesonderten Lagerraum (Magazin) untergebracht und für Forschungszwecke zugänglich.

Neben diesen Textilien und Goldschmiedearbeiten des 11. bis 15. Jahrhunderts bietet das Museum anhand von Fotos und Texten einen Überblick über die Baugeschichte des Doms und in Auszügen über die Geschichte des Erzbistums Bremen. Ergänzend sind Leihgaben der katholischen Kirche, der St. Petri Domdiakonie und der St. Jacobi-Brüderschaft ausgestellt.

Begleiten Sie uns auf einem Rundgang durch das Museum zu den wichtigsten Ausstellungsstücken.

Ingrid Weibezahn
Museumskustodin

Ein Rundgang durch das Bremer Dom-Museum

Geschichte der Museumsräume

Die Räume des Bremer Dom-Museums liegen am Ende des südlichen Seitenschiffs des St. Petri Doms in einem mittelalterlichen Domanbau im Winkel zwischen dem höher gelegenen Altarraum (Hochchor) und dem südlichen Querschiff. Eine neu eingebaute Treppe führt von der Erdgeschossebene des Museums ins Obergeschoss zu weiteren Ausstellungsräumen. Von 1823 bis 1984 beherbergte der große Doppelraum im Untergeschoss die berühmten, durch natürliche Austrocknung vor der Verwesung geschützten Leichen (Mumien) des Bremer Bleikellers. Diese inzwischen für einen Kirchenraum als unpassend erachtete Verwendung kam im Frühjahr 1984 durch die Umlagerung der Mumien in andere, außerhalb des Doms gelegene Kellerräume zum Abschluss.

Gleich im Anschluss daran begann die Umgestaltung der Räume für die Belange eines Museums. Durch einen glücklichen Zufall traten bei diesen im ständigen Kontakt mit dem Landesamt für Denkmalpflege und dem Landesarchäologen durchgeführten Umbaumaßnahmen im Eingangsbereich gleich an zwei Stellen Relikte aus früheren Bauphasen des Doms zutage. Sie wurden in das Museum einbezogen und bilden inzwischen einen wichtigen Bestandteil der Ausstellung an Ort und Stelle.

Zu Beginn unseres Rundgangs durch das Dom-Museum betreten wir einen Raum, in dem wir – wie an vielen anderen Orten im St. Petri Dom – noch die Kunst und Architektur der Romanik studieren können. Der romanische Kirchenbau ist nicht nur

Der seit 1823 allgemein zugängliche Bleikeller mit den Mumien (hier auf einem Holzstich des späten 19. Jahrhunderts) fesselt die Besucher damals wie heute. Inzwischen sind die Mumien in mehreren vom Bibelgarten am Dom zugänglichen Kellerräumen zu besichtigen; im ehemaligen Bleikeller (und in sechs weiteren Räumen im Obergeschoss) wurde 1987 das Dom-Museum eingerichtet

ein Kultraum, sondern als Bauform selbst Teil der Verkündigung; er ist Sinnbild der von Gott ausgehenden imperialen Macht und Würde. Die romanische Architektur verwendet in der Zeit vom 11. bis 13. Jahrhundert römische bzw. frühchristliche antike Bauglieder (Rundbogen, Säule) und Bauformen (Basilika).

Gleich beim Eintritt in das Museum ist das halbrunde Fundament einer früheren Altarnische (Apsis) zu sehen. Apsiden wurden als eine Weiterentwicklung aus der Antike in der romanischen und gotischen Kirchenbaukunst vorwiegend an der Ostseite des Kirchengebäudes erbaut, um den wichtigsten Teil des Bauwerks, den Altar, aufzunehmen. In der Romanik halbrund gestaltet, wandelte sich die Apsis im Laufe ihrer Entwicklungsgeschichte in ein mehreckiges Gebilde, dessen Gewölbe spitzbogig zusammenlief. Je nach Anzahl der Seiten des Vielecks spricht man dann beispielsweise von einem 5/8- oder 7/10-Schluss. Die Stilformen eines im Eingangsbereich des Dom-Museums erhaltenen Wandsäulenrestes deuten für unsere Apsis auf das 11./12. Jahrhundert als Erbauungszeit hin. Offenbar gehörte sie einst zum frühromanischen Dombau, der nach dem Brand des Vorgängerbaues im Jahre 1041 von Erzbischof Bezelin begonnen, von Erzbischof Adalbert weitergeführt und von Erzbischof Liemar nach 1100 vollendet wurde.

Links unterhalb des hölzernen Eingangsstegs hat ein Ausstellungsstück (Exponat) Aufstellung gefunden, das mit dem frühromanischen Dom unmittelbar verbunden ist: das Steingrab, in dem einst der Initiator des romanischen Dombaus, Erzbischof Bezelin, im Jahre 1043 begraben worden war. Die eigentliche Fundstätte des Grabes lag im Mittelschiff des Doms; sie wurde 1973 bei den archäologischen Grabungen entdeckt und ist heute durch einen dort im Fußboden eingelassenen Namensstein gekennzeichnet. Wie wissenschaftliche Untersuchungen ergaben, wurde der Steinsarg des Erzbischofs Bezelin zu einem späteren Zeitpunkt ein zweites Mal für eine Bestattung verwendet, so dass es sich bei den 1973 im Grab vorgefundenen menschlichen Überresten nicht um Bezelin, sondern eher um einen Erzbischof aus dem 12. Jahrhundert handeln kann. Die im Grab gefundenen Beigaben und einige Teile des Bischofsornats sind im Textilienraum I im Obergeschoss ausgestellt.

Wandmalereien

Bevor Sie ins Obergeschoss hinaufgehen, können Sie zunächst einen Blick an Decke und Wände des schmaleren Raumteils im Untergeschoss werfen. Hier sehen Sie die umfangreichsten mittelalterlichen Wandmalereien, die sich nach dem Zweiten Weltkrieg in Bremen erhalten haben. Bis zum Jahre 1984 war dieser Raum, wie erwähnt, der berühmte Bleikeller, d.h. der Aufbewahrungsort für acht menschliche Mumien. Diese

Blick in den Raum mit den Wand- und Gewölbemalereien aus dem frühen 15. Jahrhundert vom Museumseingang

Mumien waren auf natürliche Weise entstanden und seit 1823 aus dem ganzen Dom zusammengetragen und hier in ihren Särgen aufgestellt worden. Die Wände des Raumes waren hell getüncht. Erst nachdem im Zuge des Umbaus zum Museum die Mumien einen neuen Platz in einem Kellerraum außerhalb des Doms gefunden hatten, machte man sich an eine baugeschichtliche Untersuchung dieses Raumes. Dabei ergab sich Folgendes:

Im 13. Jahrhundert war offensichtlich Bedarf an einem gesonderten Aufbewahrungsort für den Bremer Domschatz, eine so genannte Tresekammer, entstanden. Man entschloss sich, auf der Südseite des Hochchors einen solchen Raum anzubauen. Dafür musste zunächst die dort vorhandene Apsismauer größtenteils abgebrochen werden; einen Rest ließ man stehen und verwendete ihn als Stützpfeiler für den notwendigen Unterbau. So entstand auf der Ebene des Chores die schmale Tresekammer, die im Untergeschoss durch zwei Stützpfeiler getragen wurde. Die ursprüngliche Verwendung dieses Unterbaus ist unklar, möglicherweise diente er zunächst einfach als offener Durchgang ins Freie. Um 1400 war hier allerdings, wie aus alten Urkunden hervorgeht, die Dombibliothek eingerichtet. Aber man kann sich vorstellen, dass dies für eine Bibliothek kein besonders geeigneter Unterbringungsort war, denn dieser Raum - das ist noch heute spürbar - war auf Dauer für das Bücherstudium viel zu dunkel. Deshalb ließ

Dombaumeister Johann Hemeling ihn Anfang des 15. Jahrhunderts zu einer Kapelle umgestalten. Im Jahre 1414 stiftete er für diese neue Kapelle einen Marienaltar.

In dieser Zeit sind sicherlich auch die Wandmalereien entstanden, die das niedrige Gewölbe dieses schmalen Raumteils überziehen. Wandmalereien hatten angesichts des verbreiteten Analphabetismus die bedeutende Aufgabe wahrzunehmen, biblisches Geschehen und christliche Verkündigung in ausführlich bildhafter Darstellung zu vermitteln. Die teilweise nur schwachfarbigen, fragmentarischen Reste der Wandmalereien erfordern ein genaues Hinschauen, um zu erkennen, was dort eigentlich dargestellt ist. Zunächst ist vor allem reiches Rankenwerk in Sockel- und Gewölbezone zu sehen, dazu Teile von Engelsfiguren mit Weihrauchgefäßen, verschiedene christliche Symbole (Tiere, Sonne) und möglicherweise auch Spuren von Prophetenköpfen, ferner am östlichen Ende (gegenüber dem Museumseingang) Reste eines Lammes mit der Kreuzfahne, ein Christussymbol. Dazu treten noch vier figürliche Szenen: die Taufe Christi im Jordan (Eingangsbereich), die Bekleidung Christi mit einem weißen Spottgewand vor der Geißelung (Raummitte, Südseite), die nach der Kreuzigung um Christi Gewand streitenden Kriegsknechte (Raummitte, Nordseite), Christus im mandelförmigen Heiligenschein (Mandorla) als Weltenrichter (Ostseite).

Detail der Wandmalereien (Rankenwerk)

Auffällig ist, dass auf allen vier Figurenszenen Christi Gewand eine Rolle spielt: Es wird von einem Engel bei der Taufszene gehalten, wird Christus als Spottgewand angezogen, man würfelt und streitet darum, schließlich ist Christus als Weltenrichter damit bekleidet. Welchen Grund könnte die Häufung dieses Motivs an dieser Stelle haben? Die Antwort gibt eine Auflistung der im Mittelalter am Dom vorhandenen Reliquien, die seinerzeit von jenem Dombaumeister Johann Hemeling zusammengestellt wurde, der die Dombibliothek zu einer Kapelle umgestalten ließ. Dort ist aufgeführt: »de linteamine quo ipse erat cinctus in passione« = [Teile] von dem Leinengewand, in das Christus bei der Passion gehüllt war; »de vestimento Christi« = [Teile] der Kleidung Christi; »tunica Christi inconsutilis« = der unteilbare Rock Christi. Es liegt also nahe, dass hier in dieser Kapelle in dem 1414 geweihten Altar sowohl Reliquien des weißen Leinengewandes als auch des unteilbaren (da aus einem Stück gewirkten) Rockes Christi aufbewahrt wurden, also heilige Gegenstände, von denen die Wandmalereien künden.

Wandmalerei mit der Darstellung der Taufe Christi (Detail)

Der Kampf der Kriegsknechte um Christi Gewand (Detail)

Damit offenbaren die nach Jahrhunderten freigelegten Malereireste ihren eigentlichen religiösen Zusammenhang: Die dem Dom gehörigen wertvollen Reliquien bedurften einer besonderen, ihnen gemäßen Unterbringung, um ihre heilstiftende Wirkung zu entfalten. Da reichte es nicht, die aus weiter Ferne herbeigebrachten »heiligen« Stoffreste oder andere Fragmente in schlichten Behältern zu verwahren. Ein kostbares Behältnis steigerte ihre Wertschätzung und Wirkung. So konnte also auch ein ganzer Raum mit Altar und aufwendigen Malereien zu einem solchen kunstvollen Behältnis werden, in dem an einige bedeutende Stationen des Lebens und Leidens Christi erinnert wird: die Taufe, Verspottung vor der Geißelung (Entkleidung), Kreuzigung (Würfeln um Gewand) und schließlich der thronende Christus als Weltenrichter über Gerechte und Ungerechte.

Indem der Gläubige angesichts der Malereien von Station zu Station seine Andacht verrichtet, vollzieht er die Glaubensinhalte in Gedanken noch einmal nach. Sein Gebet endet vor dem Altar unterhalb des Wandgemäldes »Maiestas domini« (»Herrlichkeit des Herrn«), in dem die Reliquien verwahrt sind und so zum Kristallisationspunkt aller religiösen Übungen werden. Das Hoffen und Wünschen des Gläubigen richtet sich auf das Jenseits, von dem das Gemälde des im Himmel thronenden und richtenden Christus eine Vorstellung gibt. Nur der in seinem Leben den religiösen Vorschriften und Geboten folgende Christ wird einst am Jüngsten Tag, so sah es der gläubige Mensch des Mittelalters, durch Buße und gute Werke Eingang ins Himmelreich erhalten.

Hier hat, wie bei so vielen mittelalterlichen Wandmalereien, ein Motiv Gestalt gewonnen, das im Bibeltext der Offenbarung des Johannes vorgeprägt ist: In der Schilderung seiner Vision auf der Insel Patmos spricht Johannes von einem Menschen (Christus), »und aus seinem Munde ging ein scharfes zweischneidiges Schwert, und sein Angesicht leuchtete wie die Sonne«[2]. An anderer Stelle heißt es: »Dann sah ich einen großen weißen Thron. Vor dem, der darauf saß, wichen Erde und Himmel zurück, so dass

2 Offb. 1, 16.

Wandmalerei mit Darstellung von Christus als Weltenrichter

sie nirgends mehr Platz fanden. Und ich sah die Toten, große wie kleine, vor dem Thron stehen. Die Bücher wurden aufgeschlagen. Ein zweites Buch wurde geöffnet: das Buch des Lebens. Die Toten empfingen ihr Urteil nach dem, was in den Büchern niedergeschrieben war: nach ihren Taten.«[3]

Diese Vision entspricht den Worten des Evangelisten Johannes bei der Schilderung des Jüngsten Gerichts: »Es kommt die Stunde, in welcher alle, die in den Gräbern sind, werden seine Stimme hören; und werden hervorgehen, die da Gutes getan haben, zur Auferstehung des Lebens, die aber Übles getan haben, zur Auferstehung des Gerichts.«[4] Die Erwartung, Christus am Jüngsten Tag als gestrengen »rex et iudex«[5] (»König und Richter«) zu erleben, gehörte seit alters her zu den Grundlagen der christlichen Religion und hat in leicht abgewandelter Form bis heute Bestand im christlichen Glaubensbekenntnis: »Sitzend zur Rechten Gottes, des allmächtigen Vaters, von dort wird er kommen zu richten die Lebenden und die Toten.«

Die Langlebigkeit des künstlerischen Motivs »Maiestas domini«, das schon in der frühmittelalterlichen Kunst entwickelt wurde, erweist ein Beispiel vom Ende des 15. Jahrhunderts; hier wirkt es besonders einprägsam, da es das biblische Richtermotiv mit der weltlichen Rechtsprechung verknüpft: Ein großes Wandgemälde in der Gerichtslaube im Lüneburger Rathaus zeigt Christus als Weltenrichter mit Maria und Johannes dem Täufer als Fürsprecher an seiner Seite (Deesis). Der zu erwartenden Strafen im Diesseits und Jenseits eingedenk sollten Kläger, Rechtsbrecher wie Richter ihre Verhaltensweise ausrichten. Eine entsprechende Wirkung ging von dem Wandgemälde im Bremer Dom-Museum aus, vor dem die Gläubigen im Gebet verharrten. Erst eigentlich in Kenntnis dieser religionsgeschichtlichen Hintergründe vermag man die hier freigelegten stark verblassten und bruchstückhaften Reste richtig zu würdigen.

Porträt Domprediger Johann Georg Olbers (1716–1772), Pastellzeichnung; Maße: H. 28 cm, B. 20,5 cm. Künstler unbekannt, entstanden um 1760–1770. St. Petri Dom. Johann Georg Olbers wirkte von 1760 bis 1772 am St. Petri Dom. Sein Sohn, der Arzt Wilhelm Olbers, wurde ein über Bremen hinaus bekannter Astronom, der in seinem Haus in der Sandstraße eine Sternwarte einrichtete

3 Offb. 20, 11 u. 12.
4 Joh. 5, 28 u. 29.
5 Angenendt, 136.

Das Abendmahlsrelief

Auch ein anderes Kunstwerk, das Relief des heiligen Abendmahls, kann ohne Kenntnis der religionsgeschichtlichen Hintergründe heute kaum verstanden werden. Es ist in dem wesentlich größeren und höheren Raum aufgestellt, der an den schmalen Raumteil seitlich anschließt, in welchem sich die Wandmalereien befinden. Dieser Teil des heutigen Dom-Museums ist möglicherweise im frühen 15. Jahrhundert als neue Bibliothek angebaut worden. Hier sehen wir auf zwei Edelstahlträger montiert ein Sandsteinbild mit der üblichen Darstellung des Abendmahls. Christus sitzt inmitten seiner Jüngerschar an einem Tisch, in dessen Mitte ein Lamm als Speise auf einer ovalen Platte liegt, und ist dabei, das Abendmahl auszuteilen. Die Jünger sind um ihn versammelt und zunächst nicht im Einzelnen zu unterscheiden. Man erkennt verschiedene Physiognomien mit unterschiedlich langen Haaren und Bärten.

Relief des heiligen Abendmahls, 15. Jahrhundert (Detail)

Doch bei näherem Betrachten heben sich aus der Gruppe drei Individuen heraus: als Erstes Johannes, der Jünger, den der Herr lieb hatte, wie es in der Bibel heißt, eine jugendliche Gestalt, die mit geneigtem Kopf rechts neben Christus sitzt. Und dann ein Zweiter, links neben Christus, ein Mann mit charakteristischen Stirnlöckchen. Das ist Petrus; er hat ein Stück Brot in der Hand und hat den Blick fragend auf Christus gerichtet. Dieser blickt aber geradeaus und schiebt seine Hand mit dem Brot über den Tisch. Dort am vorderen Bildrand sitzen mehrere Jünger in unterschiedlichen Haltungen, mit Brot, Becher oder Weinkrug in der Hand oder nachdenklich am Bart zupfend. Nur einer hat das Haupt erhoben und die Hände gefaltet und scheint bereit, den Bissen entgegenzunehmen. Wer ist dieser Mann? Wir erkennen ihn an einem kleinen Detail: Er trägt einen Beutel am Gürtel, es ist also Judas Ischariot, der »Schatzmeister« der Jüngerschar. Und nun erschließt sich auch die eigentliche Aussage dieser Szene. Lassen wir die Bibel sprechen[6]:

»Als Jesus das gesagt hatte, wurde er betrübt im Geist und bezeugte und sprach: Wahrlich, wahrlich, ich sage euch: Einer unter euch wird mich verraten. Da sahen sich die Jünger untereinander an, und ihnen wurde bange, von wem er wohl redete. Es war aber einer unter seinen Jüngern, den Jesus lieb hatte, der lag bei Tisch an der Brust Jesu. Dem

[6] Joh. 13, 21–29.

Blick auf den St. Petri Dom vom Marktplatz aus, betitelt: »Prospect der hiesigen Dohm-Kirche, nebst dem St. Petri Waysenhause in Bremen, aufgenommen und gestochen von Dan. Albr. Ernsting.« Kupferstich; Maße: H. 19,3 cm, B. 30,2 cm. Entstanden um 1800. Die Ansicht zeigt links im Hintergrund das 1785 neu errichtete St. Petri Waisenhaus und links den mittelalterlichen bischöflichen Palast. Der nach dem Einsturz des Südturms verbleibende Nordturm erhielt nach dem Brand von 1656 im Jahre 1766 eine doppelt geschweifte so genannte welsche Haube, die hier besonders fein ausgestaltet ist

winkte Simon Petrus, dass er fragen sollte, wer es wäre, von dem er redete. Da lehnte der sich an die Brust Jesu und fragte ihn: Herr, wer ist's? Jesus antwortete: Der ist's, dem ich den Bissen eintauche und gebe. Und er nahm den Bissen, tauchte ihn ein und gab ihn Judas, dem Sohn des Simon Ischariot. Und als der den Bissen nahm, fuhr der Satan in ihn. Da sprach Jesus zu ihm: Was du tust, das tue bald! Aber niemand am Tisch wusste, wozu er ihm das sagte. Einige meinten, weil Judas den Beutel hatte, spräche Jesus zu ihm: Kaufe, was wir zum Fest nötig haben!, oder dass er den Armen etwas geben sollte.«

Hier hat also die von vielen Darstellungen in der christlichen Kunst bekannte Kernszene des Abendmahls Gestalt angenommen. Christus kündigt seinen baldigen Tod an und macht durch die Brotspende an Judas deutlich, dass er den Verräter kennt, der ihn alsbald den Häschern übergeben wird. Bei aller scheinbaren Ruhe, die dieses Relief ausstrahlt, wohnt ihm - allerdings nur für den Eingeweihten - eine große Dynamik inne.

Blick auf den St. Petri Dom vom Marktplatz aus, betitelt »Der Dom zu Bremen 1820«, bezeichnet: »F. Stamm 1806.« Kolorierte Federzeichnung; Maße: H. 37,6 cm, B. 51 cm. Dargestellt ist eine mit dem vorigen Bild identische Ansicht des Doms und der umliegenden Gebäude vom Marktplatz aus, möglicherweise eine Schülerarbeit. Nach der Signatur käme dafür eventuell der spätere Bremer Baumeister Friedrich Moritz Stamm (1793–1843) infrage, Erbauer u.a. der Wachthäuser am Ostertor (heute Gerhard Marcks- und Wagenfeld-Haus), der diese farbige Tuschezeichnung nach der Vorlage des Stiches von Ernsting angefertigt haben könnte. Die Bildunterschrift wurde offenbar später hinzugefügt

Der Ort der Anbringung solcher Abendmahlsbilder wandelte sich im Laufe der Jahrhunderte und in Abhängigkeit von der Konfession. In der katholischen Kirche häufig in den Speisesälen (Refektorien) der Klöster als großes Wandgemälde angebracht (so auch die wohl berühmteste Abendmahlsszene von Leonardo da Vinci im Kloster Santa Maria delle Grazie in Mailand), wurde die Szene in der evangelischen Kirche zum beliebten Motiv für den Altaraufsatz (Altarpredella). Hier, sozusagen in Augenhöhe der Gläubigen, stand das Gemälde in Bedeutungszusammenhang mit dem sonntäglichen Geschehen am Altar.

Ein ähnlicher Sinnzusammenhang - und dies wird auch für unser Beispiel im Dom-Museum gelten - zeigt sich in der katholischen Kirche bei der Anbringung der Abendmahlsdarstellung über der Nische für die Aufbewahrung der Gerätschaften für die Eucharistie/Abendmahlsfeier (Sakramentsnische). Sie befand sich meist im Altarbereich, oft an der linken (nördlichen) Wand. Ein restliches Teilstück an der rechten unteren Seite unseres Reliefs deutet auf einen Ansatz für eine Nischeneinfassung und macht damit eine solche Nutzung wahrscheinlich. Gefunden wurde unser Relief übrigens erst 1930, und zwar nicht mehr im Wandverbund, sondern an ganz anderer Stelle, nämlich im Boden der Ostkrypta. Dort wurde das Relief durch Zufall bei einer archäologischen Grabung entdeckt, als man zur Vorbereitung der Grabung alle Bodenplatten aufnahm. Das Relief lag mit dem »Gesicht nach unten« im Dünensand, seine glatte Rückseite hatte es zu einem früheren Zeitpunkt als geeignete Bodenplatte erscheinen lassen. Die Entfernung von seinem angestammten Platz ist möglicherweise mit der Umgestaltung des Hochchores bei der Aufstellung eines neuen Hochaltars in den Jahren 1694–1696 in Verbindung zu bringen; in dieser Zeit nutzte man die Ostkrypta schon lange nicht mehr als liturgischen Raum, sondern als Werkstatt. Hier wurden die Bleiplatten für das Domdach gegossen (daher auch die spätere Bezeichnung »Bleikeller« für die Ostkrypta); damals mag das Relief als widerstandsfähige Steinplatte für den Fußboden willkommen gewesen sein.

Die genaue Entstehungszeit und auch der Schöpfer des Abendmahlsreliefs haben sich bisher nicht feststellen lassen. Die auffällige Verwandtschaft der Gesichtszüge und Haar- und Barttrachten der dargestellten Personen mit den mittelalterlichen Figuren an der Außenfassade des Bremer Rathauses lassen den Schluss zu, dass das Abendmahlsrelief etwa gleichzeitig, vielleicht sogar von den Rathausbildhauern selber, also um 1400, gestaltet wurde (das Rathaus entstand 1405 bis 1410). Das Relief zeugt von der gotischen Vergeistigung des Irdischen im Sinne einer Veredelung des Menschenbildes, mithin von einem neuen Bild Christi, befreit vom Schein der Gloriole, mit dem es die romanischen Bildhauer versehen hatten, dargestellt im Zentrum der Menschen.

Porträt Domprediger Dr. Johann David Nicolai (1742–1826), Lithographie; Maße: H. 36,2 cm, B. 25,3 cm. Gemalt von C. A. Schwartz, gestochen von J. G. Huck, Hannover 1804. Dr. Johann David Nicolai wirkte seit 1771 als Subrektor am Bremer Domgymnasium »Athenäum«, seit 1781 als Pastor am St. Petri Dom, seit 1810 als Pastor primarius, ein Ehrentitel, der damals – anders als heutzutage – auf Lebenszeit vergeben wurde. Ein besonderes Verdienst erwarb sich Pastor Nicolai, als er sich in den Jahren nach dem Reichsdeputationshauptschluss 1803 vehement und erfolgreich für die Selbständigkeit der Domgemeinde einsetzte

Zwei frühromanische Säulenkapitelle

In der Mitte des Museumsraums haben zwei große Säulenkapitelle auf modernen Edelstahlträgern Platz gefunden. Kapitelle sind die Kopfstücke (lat. caput = Kopf) von Säulen oder Pfeilern; sie sind in der Frühzeit der Romanik schlicht und unverziert gestaltet (romanisches Würfelkapitell), erhalten aber im Laufe der Zeit eine oft sehr reiche Ornamentik. Unsere Kapitelle im Museum sind Kopien nach Originalen in der Ostkrypta, die für Besucher nicht immer zugänglich ist. Ihre ungewöhnlichen Schmuckformen weisen auf eine weit entfernte Kulturlandschaft, zu der Bremen allerdings im 11./12. Jahrhundert engen Kontakt unterhielt: nach Island.

Betrachten wir zunächst einmal die Darstellungen: Wir entdecken auf den Gestaltungsflächen der Kapitelle verschiedene Motive (Wolf, geflügelte Schlange, Rabe, doppelköpfige Schlange und eine eschenartige Pflanze), die nicht in die christliche Symbolik gehören. Diese Motive stammen aus der nordischen Götterlehre (Mythologie); sie sind den Edda-Liedern entlehnt und symbolisieren die alten (»heidnischen«) religiösen Überzeugungen. Doch auf drei Seiten des einen Kapitells sowie auf allen vier Seiten des zweiten Kapitells taucht eine Blütenrosette auf, mit der es eine besondere Bewandtnis haben muss. Auch wenn eine bis ins letzte gehende Klärung des Sinnzusammenhangs noch nicht gelungen ist, wird man nicht fehlgehen in der Annahme, dass mit diesen beiden Kapitellen auf kleinstem Raume eine wichtige Aussage über die Aufgaben und Erfolge der bremischen Kirche im Mittelalter Gestalt gewonnen hat: die Missionierung des Nordens.

Kapitell aus der Ostkrypta mit geflügelter Schlange und Wolf (Detail)

Wolf und geflügelte Schlange zeigen sich (ohne Blütenmotiv) auf der Westseite des Kapitells (die Kopien sind den Originalen in der Ostkrypta entsprechend ausgerichtet). Der Westen ist in der christlichen Vorstellung als Himmelsrichtung des Sonnenuntergangs stets die dunkle dämonische Seite, während die Ostseite als Himmelsrichtung des Sonnenaufgangs die christliche Religion symbolisiert (»ex oriente lux«). Dieser somit das Heidentum charakterisierende westlichen Kapitellseite stehen die drei anderen Seiten mit der Blütenrosette gegenüber, die als ein Zeichen für Christus gedeutet werden kann. Die heidnischen Motive sind durch ihre Darstellung

Kapitell aus der Ostkrypta mit zweiköpfiger Schlange (Detail)

fixiert und somit gebannt und werden von der sonnenartigen Blütenrosette überstrahlt und überwunden. Damit steht diese Kapitelldekoration für die Überwindung des Heidentums durch die christliche Religion. Auf dem zweiten Kapitell rückt die Blütenrosette eine Teufelsmaske zur Seite, auch dies sicherlich ein Zeichen für die Überwindung des Bösen, des »Heidnischen«, durch die christliche Religion. Vergleichbare Motive lassen sich in der isländischen »Edda«-Dichtung aus dem 8.-11. Jahrhundert finden. Möglicherweise lassen sich auch Verbindungen mit Zeichnungen auf gotländischen Bildsteinen aus dem 5. Jahrhundert herstellen.

Wenn man sich ins Gedächtnis ruft, dass im Jahre 1054/55 der bremische Erzbischof Adalbert den Isländer Isleif zum ersten Bischof Islands weihte, gewinnen diese Kapitelldarstellungen aus dem frühen 12. Jahrhundert einen ganz neuen Sinnzusammenhang. (Zur bedeutenden Rolle des Erzbistums Bremen bei der Missionierung Nordeuropas vgl. den Abschnitt über Ansgar, S. 45ff.)

Das Relief der beiden Arztheiligen Cosmas und Damian

In die Welt der mittelalterlichen Reliquienverehrung weist ein anderes Kunstwerk dieses Raums. Es ist ebenfalls eng mit der Geschichte des St. Petri Doms verknüpft. Das Sandsteinrelief neben dem Abendmahlsrelief an der Ostseite des Raumes zeigt in zwei rahmenden Spitzbögen Szenen aus dem Leben und Wirken der beiden heiligen Ärzte Cosmas und Damian. Die beiden Heiligen, die im Jahre 303 unter dem römischen Kaiser Diokletian den Märtyrertod erlitten, erfreuten sich am Bremer Dom besonderer Verehrung, seit Erzbischof Adaldag im Jahre 965 ihre Reliquien aus Rom mitgebracht hatte. Etwa 400 Jahre später, als die Kenntnis vom Vorhandensein der Reliquien am Dom offenbar längst erloschen war, wurden sie von Erzbischof Burchard Grelle, wie es überliefert wird, am Ostersonntag des Jahres 1334 durch Zufall hinter einer Mauer auf der Südseite des Ostchors wieder entdeckt. Von diesem Ereignis gibt der Chronist Johann Renner im 16. Jahrhundert eine sehr anschauliche Schilderung: »Anno 1335[7] alse bischop Borchart to Paschen (= Ostern) up dat chor im Dohme to Bremen wolde gan, do burst de mure entwey, unnd gaf einen groten

Relief der beiden Arztheiligen Cosmas und Damian, um 1400

[7] Nach anderen Quellen 1334.

luth, mit des gingk daruth ein soet roeke, alse je ein minsche hadde geraken, do ohme dat teken beiegent was, do sprack he mit dem capittel, und wort mit ohnen eins, dat he van dem thokumpstigen Pingsten aver einem jare, wolde dat hilligedom daruth nemen, dit weren de lichame ss.torum Cosme und Damiani.«[8] Die feierliche Aufhebung der Gebeine wurde im darauf folgenden Jahr mit einem großen Fest verbunden, in dessen Verlauf so viel Geld gespendet wurde, dass davon die beiden letzten Stockwerke des (nördlichen?) Domturms erbaut werden konnten.

Vermutlich an der Fundstelle der Reliquien auf der Südseite der Umfassungsmauer des Ostchors wurde um 1400 das im Museum ausgestellte Relief angebracht. Es zeigt in einer Darstellung, die auf den weit verbreiteten Heiligenlegenden beruht, die beiden Heiligen bei ihrer ärztlichen Tätigkeit: Links wird ein Kamel und rechts das kranke Bein eines Mannes behandelt. In der Legenda aurea heißt es zu dieser Szene: »In dieser Kirche diente ein Mann den heiligen Märtyrern, dem hatte der Krebs ein ganzes Bein gefressen. Und siehe, als er schlief, erschienen einst Sanct Cosmas und Damianus ihrem Diener und trugen Salben und ärztlich Werkzeug mit sich. Sprach der Eine zum Andern ›Wo sollen wir frisch Fleisch hernehmen, das Loch zu füllen, da wir das faule Fleisch müssen ausschneiden?‹ Sprach der Andere ›Auf dem Friedhof zu Sanct Peter ist heute ein Mohr begraben, der ist noch frisch: von dem hole, was wir für diesen brauchen.‹ Also lief der Eine wohl bald zu dem Friedhof und brachte des Mohren Bein; darnach schnitten sie dem Kranken den Schenkel ab und setzten des Mohren Schenkel an die Stelle, und salbten die Wunde mit Sorgfalt; das Bein des Kranken aber taten sie an des Mohren Leib.«[9] Derartige Geschichten von wundersamen Heilungen trugen ganz entscheidend zu der außerordentlich hohen Wertschätzung bei, welche die beiden Arztheiligen seinerzeit erfuhren.

Um diese wertvollen Reliquien auf Dauer an einem würdigen Platz zu bergen, wurde in der Zeit zwischen 1400 und 1420 unter Dombaumeister Johann Hemeling ein kostbarer Silberschrein angefertigt, der bis 1648 im Dom aufgestellt war (siehe auch Text S. 76ff.). Nach dem Dreißigjährigen Krieg wurde er vom Bremer Domkapitel an Kurfürst Maximilian von Bayern verkauft und befindet sich heute in der Münchner Michaelskirche.

Die Bedeutung, die Reliquien im Mittelalter (und auch darüber hinaus) für eine Kirche hatten, ist nicht zu unterschätzen, denn mit diesen Erinnerungen an einen Märtyrer oder hochverehrten Bekenner des christlichen Glaubens hielt ein authentisches Zeugnis des christlichen

8 Renner, I, 273.

9 Legenda aurea, 739/740.

Blick auf den St. Petri Dom vom Marktplatz aus. Photographie, zwischen 1880 und 1888. Maße: H. 59 cm, B. 48,5 cm, Künstler unbekannt. Diesen Anblick bot der St. Petri Dom seit 1638. Hinter dem Stand der Marktfrauen und dem abgestellten Karren ragt die Domfassade mit der nach wie vor notdürftig abgesicherten Turmruine zwischen dem prächtigen Rathaus und der Neuen Börse (im Zweiten Weltkrieg teilweise zerstört) hervor. Der bis 1940 den Grasmarkt zierende Wilhadibrunnen vor dem Dom erlaubt eine Datierung des Fotos: Es muss zwischen 1880 (Errichtung des Brunnens) und 1888 (Beginn der Domrestaurierung) entstanden sein

Glaubens in der jeweiligen Kirche Einzug. Die betreffenden Relikte waren Beweis für die Existenz von Menschen, die für ihren Glauben gekämpft hatten oder sogar gestorben waren. Damit wohnte ihnen eine ganz starke Bedeutung für die nachfolgenden Generationen inne. Die in den Reliquien präsenten Heiligen wurden als Vorbilder verehrt; hatten sie noch zudem in ihrem Leben hilfreiche Tätigkeiten ausgeübt, wie z.B. diese beiden Ärzte, die nach der Legende ihre Patienten kostenlos behandelten und dabei so manches Heilungswunder vollbrachten, so war ihre Bedeutung für die Menschheit immens. Gerade in Zeiten großer gesundheitlicher Nöte wie etwa den Pestjahren um die Mitte des 14. Jahrhunderts bildeten die Reliquien dieser beiden Heiligen einen außerordentlich großen Anziehungspunkt für die Gläubigen. Zahllose Menschen suchten in ihrer Angst vor schwerer Krankheit den Bremer Dom auf und erflehten von den beiden Heiligen Bewahrung vor der Pest und anderen todbringenden Krankheiten. So finden wir diese beiden Ärzte zusammen mit anderen am Dom verehrten Heiligen in der Sockelzone des Chorgestühls; auch die 24 Domherren wollten sich also der heilfördernden Nähe dieser beiden Heiligen versichern. – Die wirtschaftliche Belebung, welche mit dem Zustrom der vielen Pilger u.a. durch Quartierbereitstellung und Beköstigung in Bremen verbunden war, ist ebenfalls ein nicht unbedeutender weltlicher Aspekt der mittelalterlichen Heiligenverehrung.

Steinfigur der heiligen Anna selbdritt, um 1500

Die Figur der heiligen Anna selbdritt

Einer bis in heutige Zeit in manchen Gegenden hoch geschätzten Heiligen begegnen wir am Fuß der Treppe zum Obergeschoss des Dom-Museums: der heiligen Anna selbdritt. Diese etwas antiquierte Bezeichnung bedeutet nichts anderes als »Anna zu dritt«, d.h. eine Dreipersonengruppe mit der heiligen Anna als zentraler Gestalt.

Wer war die heilige Anna, und welche Personen sind ihr zugeordnet? Betrachten wir die Gruppe genauer. Anna ist als ältere Frau wiedergegeben mit langem faltenreichem Gewand, einer Haube, die sich eng um ihr Gesicht schließt, und einem zusätzlich auch den Kopf umhüllenden Umhang. Diesen Umhang hält ein kleines Kind mit seiner rechten Hand gepackt, das Anna auf ihrem linken Arm hält. Annas Rechte umfasst liebevoll ein neben ihr stehendes junges Mädchen, das eine Krone auf dem lang herabwallenden gelockten Haar trägt und mit der linken Hand ein Füßchen des Kindes umfasst. Die Gestik der rechten ist wegen einer Beschädigung der Figur an dieser Stelle nicht mehr zu bestimmen, möglicherweise hielt sie dem Kind ein Spielzeug entgegen. Der Blick des Mädchens ist auf das Kind gerichtet. – Diese sehr intime Personengruppe stellt ein Familienbild dar, bestehend aus der Großmutter Anna, ihrer Tochter Maria und dem Christuskind.

Bibelfeste Leser werden zu bedenken geben, dass von den Eltern der Gottesmutter Maria in der Bibel nirgendwo die Rede sei. Das ist richtig. Die Zuordnung einer weiblichen Person namens Anna als Mutter von Maria stammt nicht aus den seit Jahrhunderten überlieferten Bibeltexten, sondern aus einer so genannten apokryphen (also nicht allgemein anerkannten) Schrift, dem Evangelium des Jacobus. Über die Person des Verfassers dieser Schrift ist nichts Genaues bekannt; quellenkritische Studien haben ermittelt, dass dieser Text offenbar im 2. Jahrhundert entstanden sein muss. Obwohl dieses »Evangelium« von den Kirchenvätern nicht anerkannt wurde, hat es in der Literatur und vor allem in der Kunst als Schriftquelle eine bedeutende Rolle gespielt, weil es dem Bedürfnis der Gläubigen nach »Hintergrundinformation« zum Geschehen von Bethlehem in sehr erwünschter Weise nachkam.

Das Jacobus-Evangelium schildert ausführlich die Lebensgeschichte von Anna und ihrem Ehemann Joachim, denen nach langem vergeblichem Warten doch noch ein Kind geschenkt wird, die kleine Maria. Diese so anrührende Geschichte wurde vom Volk sehr geschätzt und fand alsbald Niederschlag in der Kunst. Die älteste bekannte Darstellung von Christus mit Mutter und Großmutter befindet sich auf einem Mosaik in S. Maria Maggiore in Rom und stammt aus dem 5. Jahrhundert. Auf (Wand-)Gemälden, Kleinkunstwerken und in der Plastik fand die heilige Anna seither immer wieder ihren Platz, in der Regel bei Darstellungen der Mariengeburt oder, vor allem seit dem 14. Jahrhundert, als Andachtsbild in der Zusammenstellung mit Maria und Christus als Anna selbdritt.

Die Verehrung der heiligen Anna nahm im 14./15. Jahrhundert derartig zu, dass die For-

Porträtbüste von Domprediger Ernst Emil Johann Friedrich Bulle (1838–1874). Marmor; Maße: H. (mit Sockel) 70 cm, B. 40 cm. Beschriftung am Sockel: »Ernst Bulle«, darunter: »Vikar und Domprediger 1860–1872.« Signiert: D. Kropp. Entstanden 1876. Ernst Bulle wirkte von 1866–1872 am St. Petri Dom. Er gehörte zu den Mitgründern des »Deutschen Protestantenvereins« mit dem Ziel, die der Kirche entfremdeten Personen wieder zu ihr zurückzuführen. Der Bildhauer Diedrich Kropp (1824–1913) war nach Studienjahren in München, Dresden und Rom seit 1861 in Bremen tätig und erhielt viele Aufträge für den Skulpturenschmuck öffentlicher Gebäude und wegen seiner Begabung für Porträts auch von privater Seite

schung geradezu von einer Mode spricht. Der Volksglaube ordnete den Heiligen bekanntlich gewisse besondere Fähigkeiten zu, und so galt die heilige Anna als Beschützerin bei Gewitter und Bewahrerin vor schnellem Tod. (So ist es auch zu erklären, dass Martin Luther bei dem bekannten Blitzerlebnis auf der Rückreise nach Erfurt im Jahre 1505 in seinem Schrecken die Worte ausrief »Hilf du, Sankt Anna, ich will ein Mönch werden!«)

In Bremen setzte die Annenverehrung bereits im Jahre 1198 ein, als Erzbischof Hartwig II. bei der Rückkehr vom 3. Kreuzzug Reliquien der heiligen Anna aus Jerusalem mitbrachte. Der Verbleib der Reliquien ist dem Diplomatarium des Dombaumeisters Johann Hemeling zu entnehmen. Er erwähnt sie in seiner um 1415/20 entstandenen Schrift im Zusammenhang mit der so genannten Heiltumsweisung, also der Präsentation der im Dombesitz befindlichen Reliquien von der Balustrade an der Domwestfassade aus, allerdings ohne nähere Angaben zum Charakter der Reliquien.

Einen besonderen Aufschwung nahm die Verehrung der heiligen Anna in Bremen zu Beginn des 14. Jahrhunderts, als es zur Gründung der St. Annen-Brüderschaft kam. Ein genaues Gründungsdatum ist nicht überliefert, jedoch dürfte dies in den ersten Jahrzehnten des Jahrhunderts geschehen sein, denn die erste Erwähnung dieser Annen-Brüderschaft erfolgt bereits im Jahre 1327. Den Statuten ist zu entnehmen, dass dieser Zusammenschluss Bremer Bürger und Kleriker unter dem Patronat der heiligen Anna ursprünglich vorzugsweise Andachtsübungen galt, also der Ausrichtung bestimmter Gottesdienste im Jahresverlauf und bei Ableben eines Mitgliedes. Die St. Annen-Brüderschaft besteht noch heute. Ihr jetziger Zweck besteht in der mildtätigen Unterstützung und Betreuung hilfsbedürftiger Damen.

Ob die Anna selbdritt aus dem Dom-Museum in Zusammenhang mit einer Altarstiftung im St. Petri Dom geschaffen wurde, lässt sich aus der Quellenlage nicht nachweisen. Das Bremische Urkundenbuch nennt wohl Annenaltäre in der Liebfrauen- und auch in der Martinikirche, hinsichtlich eines Annenaltars im St. Petri Dom gibt es aber keinerlei Hinweise.

Der St. Petri Dom besitzt übrigens noch ein weiteres Kunstwerk mit dem Annen-Motiv, ein Relief mit der Benennung »Heilige Sippe« an der Südwand der nördlichen Turmhalle. Hier ist die heilige Anna gemäß den Beschreibungen aus einer mittelalterlichen Legendensammlung, der Legenda aurea, mit Maria und dem Christuskind sowie ihren beiden Töchtern aus zwei weiteren Ehen und deren Kindern abgebildet, ergänzt um die jeweiligen Ehemänner, wobei eine genaue Zuordnung der im Hintergrund abgebildeten sieben Personen schwierig ist. Dieses schöne Relief entstand um 1500; sein ursprünglicher Anbringungsort im Dom ist nicht bekannt. Als Künstler konnte in jüngerer Zeit der Osnabrücker Bildhauer Evert van Roden ermittelt werden.

Epitaph für Gerhard Vaget, letzter Abt des Bremer Paulsklosters

Epitaph für Gerhard Vaget, 1567 (Detail)

Der Bremer Dom besitzt wie viele größere Kirchen eine Vielzahl von Grabdenkmälern (Epitaphe). Dies sind in der Regel aufwendig gestaltete Reliefs, einem Altaraufsatz nicht unähnlich, die in Wort und Bild an eine Person erinnern, die einst im Dom bestattet wurde. Ein Begräbnis in der Kirche war ein von allen Gläubigen erstrebtes Gut, das jedoch nach der karolingischen Gesetzgebung eigentlich nicht statthaft war. In den kirchlichen Bestimmungen hieß es, »dass keiner fortan in der Kirche einen Toten begrabe«[10]. Allerdings wurden schon im Jahre 813 auf dem Mainzer Konzil Ausnahmen gestattet für »Bischöfe, Äbte, würdige Priester und gläubige Laien«[11].

So erhielt als Erster Bischof Willehad 789 ein Grab im Dom, dem noch 34 von insgesamt 47 Bremer Bischöfen nachfolgen sollten. Zu den »gläubigen Laien« gehörte die in Bremen noch immer sehr prominente Gräfin Emma, bekannt als die Stifterin der Bürgerweide und damit auch des Bürgerparks. Ihre anderweitigen großzügigen Zuwendungen - Ländereien außerhalb Bremens und Pretiosen - wurden von der Bremer Kirche belohnt, wie wir durch Adam von Bremen wissen, indem sie bei ihrem Tod im Jahre 1038 im Dom bestattet wurde. Leider ist die genaue Stelle ihres Grabes heute nicht mehr bekannt und konnte auch bei der archäologischen Grabung 1973-1976 nicht ausfindig gemacht werden.

Ein anderer verdienstvoller, allerdings wesentlich später im Dom bestatteter »gläubiger Laie« war Freiherr Knigge, dessen berühmtes Buch »Über den Umgang mit Menschen«, oft als Benimmbuch missverstanden, bis zum heutigen Tag in immer neuen Auflagen eine ungeheure Verbreitung erfuhr. Er erhielt die Ehre einer Bestattung im Bremer Dom, da er als Königlich Hannoverscher Beamter von 1790 bis zu seinem Tode 1796 für die Verwaltung des damals in hannoverschem Besitz befindlichen St. Petri Doms zuständig war. Zu seiner Zeit war die Genehmigung für eine Dombestattung entweder von Rang und Würden oder aber vom Vermögen abhängig. So war es für die Gemeindeglieder erstrebenswert, nicht nur einen festen (gemieteten) Kirchenstuhl, sondern auch einen

[10] Angenendt, 681.
[11] S.o.

Begräbnisplatz im Dom zu besitzen. Die Grabstellen im Kreuzgang oder auf dem so genannten Klosterhof waren längst nicht so angesehen. Der letzte innerhalb des Doms Bestattete war Pastor primarius Heinrich Erhard Heeren, der im März 1811 starb. Später verwehrte eine während der napoleonischen Besetzung (1811-1813) erlassene gesetzliche Bestimmung aus hygienischen Gründen die Bestattung innerhalb der Stadt. Zu dieser Zeit entstanden die ersten Friedhöfe außerhalb der Stadtmauern am Herden- und am Buntentor.

Die Grabmäler innerhalb der Kirche wurden in der Regel, sofern es sich der Verstorbene oder seine Angehörigen leisten konnten, mit einer Grabplatte, gelegentlich zusätzlich auch noch mit einem Denkmal ausgestattet, das an der Wand oder an einem Pfeiler in der Nähe der Grabstätte seinen Platz fand. Ein derartiges Epitaph wurde seinerzeit dem letzten Vorsteher (Abt) des Bremer Paulsklosters gesetzt. Auch in Bremen gab es, wie in Rom die »chiesa St. Paolo fuori le mura«, das im Osten außerhalb der Stadtmauer gelegene Paulskloster. Heute erinnern nur noch die St.-Pauli-Straße, die Straße »Beim Paulskloster« und der »Klosterpfad« hinter dem Theater am Goetheplatz an seine Existenz.

Das Paulskloster wurde 1523 zur Zeit der Reformationsunruhen abgerissen, weil man befürchtete, dass es feindlichen Truppen als Bollwerk dienen könnte. Die Geistlichen wohnten in den verschont gebliebenen Wirtschaftsgebäuden. Bei den kriegerischen Auseinandersetzungen des Jahres 1547 (Schmalkaldischer Krieg) zwischen dem Schmalkaldischen Bund, einer Vereinigung von protestantischen Fürsten und Reichsstädten, und Kaiser Karl V. (1500–1558), welche um religiöse und territoriale Ziele geführt wurden, kam es zum Abriss auch dieser Gebäude. Die Benediktinermönche, nunmehr gänzlich ihrer Heimstatt beraubt, fanden Asyl am Dom. Der letzt Abt, Pater Gerhard Vaget, wurde 1567 im Dom begraben und erhielt ein aufwendiges Epitaph; es hing, wie eine Dombeschreibung aus dem Jahre 1828 überliefert, auf der Westseite des 2. südlichen Pfeilers (vom Turm her gesehen). Nach mehreren Zwischenstationen, u.a. im Keller des Kapitelhauses, gelangte es ins Dom-Museum; es ist dort an der Wand rechts vom Treppenaufgang angebracht.

Das Epitaph zeigt die Auferstehung Christi, vermutlich eine Arbeit der Werkstatt des Bremer Bildhauers Hans Winter, von dem noch weitere Epitaphe im Dom stammen. In einem an römische Bauwerke erinnernden Rundbogen wird eine Auferstehungsszene sichtbar: Christus entsteigt dem Grab, während die Grabwächter erschrocken zusammenfahren und sich vor der blendenden Lichtgestalt mit ihren Schilden zu schützen versuchen. Unterhalb dieser Bildszene ist die (lateinische) Gedächtnisinschrift angebracht. Sie lautet in Übersetzung: »Der verehrungswürdige Herr Gerhard Vaget, Abt des einstigen Klosters zum seligen Paulus, der in festem Glauben an Christus und in sicherer Hoffnung auf die Auferstehung am 9. April 1567, einem Tag mit Verfinsterung am Himmel, aus dem Leben schied, ist hier beigesetzt.«

Dieses Grabdenkmal ist aus mehr als einem Grunde interessant. Es offenbart uns, wie jedes Kunstwerk auf seine Weise, die religiösen Vorstellungen seiner Auftraggeber. Bei diesem Epitaph steht nicht mehr wie bei älteren Beispielen ein Andachtsbild im Mittelpunkt, vor dem der Betrachter im Gebet verweilen soll, sondern die Darstellung eines christlichen Glaubensgrundsatzes: die Auferstehung Christi und damit eine Botschaft an den Betrachter. Gleich einem Triumphator von einer klassischen Bogenarchitektur überhöht, entsteigt eine Christusfigur dem Grab, während die Wächter voller Schrecken in merkwürdigen Posen erstarrt am Ort verharren. Dieses Epitaph, einige Jahrzehnte nach der Reformation entstanden, macht in Text und Bild deutlich, dass sein Auftraggeber, vermutlich der Abt selber oder seine Verwandten, offenbar bereits der Lehre Luthers anhingen. In der Darstellung des Auferstehenden zeigt sich eine ganz neue Auffassung der Christusgestalt. Nicht mehr der leidende und duldende Christus wird hier thematisiert, wie er für die Zeit der Gotik charakteristisch war, sondern der triumphierende Retter, wie dies auch in dem etwa gleichzeitigen Osterlied von Nikolaus Hermann zum Ausdruck kommt »Heut triumphieret Gottes Sohn, der von dem Tod erstanden schon, ... mit großer Pracht und Herrlichkeit, des danken wir in Ewigkeit.«[12]

Der Gedanke an die Erlösung des Menschen durch Christi Tod und Auferstehung wird an diesem Kunstwerk greifbar. Im Mittelpunkt steht nicht mehr der auferstandene Christus der Welt des Mittelalters als zukünftiger Richter, der im Jüngsten Gericht mit Strenge Gut und Böse scheidet, sondern der gnädige Gott, der dem Menschen die sichere Auferstehung am Jüngsten Tage verheißt. Dementsprechend ist im Inschrifttext auch nicht mehr die Aufforderung »ora pro eo« (= bete für ihn) zu finden, wie es bei den früheren Epitaphen üblich war. Der letzte Abt des Paulsklosters starb, wie es auf seinem Grabdenkmal heißt, »in festem Glauben an Christus und in der sicheren Hoffnung auf die Auferstehung«.

Porträtbüste Domkantor Carl Reinthaler (1822–1896), Marmor; Maße: H. (mit Sockel) 54,5 cm, B. 34 cm. Signiert »D. Kropp fec. 1902«. St. Petri Dom, Chorsaal. Carl Reinthaler wirkte von 1872 bis 1893 als Kantor am St. Petri Dom. Noch bevor er dieses Amt innehatte, trat er mit einer besonderen musikalischen Leistung hervor: 1868 brachte er das »Deutsche Requiem« von Johannes Brahms mit der Singakademie im Dom zur Uraufführung. – Der Bildhauer Diedrich Kropp (1824–1913) bewies mit diesem Werk ein weiteres Mal seine Begabung für Porträtplastiken

12 Ev. Gesangbuch, Ausgabe für die Evangelisch-Lutherischen Kirchen in Niedersachsen und für die Bremische Evangelische Kirche, Hannover 1994, Nr. 109.

Der Ölkaufmann und Dombauherr Franz E. Schütte (1836–1911) war einer der ganz bedeutenden Bremer Mäzene und Initiator der Domrestaurierung des späten 19. Jahrhunderts. Ohne sein tatkräftiges Wirken hätte der Wiederaufbau der Westfassade des Doms nicht in dieser zügigen Form Gestalt gewonnen. Nur wenige Monate nach Schüttes Spendenaufruf 1887 waren 250.000 Reichsmark beisammen, so dass am 1. Mai 1888 mit dem Bau des Südturms begonnen werden konnte. Das hier abgebildete Bronzemedaillon ist verschollen

Bemerkenswert an diesem Epitaph ist ferner, dass sich hier die Angabe des Todestages nicht mehr nach dem Heiligentag richtet, wie dies bei älteren Epitaphen stets der Fall war, sondern in neu erwachtem naturwissenschaftlichen Interesse mit einem Naturereignis in Beziehung gebracht wird: Es war ein Tag mit Verfinsterung des Himmels. Am 9. April 1567 herrschte in Bremen tatsächlich eine partielle Sonnenfinsternis, deren Höhepunkt gegen 11 Uhr eintrat. Da es sich nur um eine teilweise Sonnenfinsternis gehandelt hat, deren Eintreten tagsüber eigentlich wenig auffällt, kann man davon ausgehen, dass die Auftraggeber für den Epitaphtext - also wohl Angehörige der Bremer Geistlichkeit - sehr aufmerksam dieses Naturereignis verfolgt haben müssen.

Ein ganz anderes Bild von der Bremer Geistlichkeit zu Beginn der Neuzeit zeichnet der Domprediger Pastor primarius Heinrich Wilhelm Rotermund. Er schreibt im Jahre 1829 in seiner »Geschichte der Domkirche St. Petri zu Bremen ...«: »Die Bremischen Stiftsherren waren zum Theil so unwissend und achtlos, daß sie einmal das Osterfest schon am Sonntag Oculi feierten, und sie erhielten von ihren Nachbarn folgendes nicht rühmliche Elogium: ›Asini bremensi cantaverunt Resurrexi, cum populus Dei cantavit ›Oculi mei.‹« = »Die Bremer Esel schrieen ›Ich bin auferstanden‹, während das Gottesvolk sang ›Oculi mei‹. »(Anfangsvers »Oculi mei semper ad Dominum« [= meine Augen schauen immer auf den Herrn] des Introitus am 3. Fastensonntag, dem Sonntag »Oculi«). Die Bremer hatten sich also bei der zugegebenermaßen nicht ganz einfachen Berechnung des Ostertermins - es ist stets der Sonntag nach dem ersten Frühlingsvollmond - versehen und stattdessen das Osterfest bereits am Sonntag »Oculi« vier Wochen zu früh gefeiert.

Die Form der Darstellung, insbesondere die Wiedergabe antiker Baukörper, das offenbare naturwissenschaftliche Interesse und die zum Ausdruck kommende theologische Auffassung lassen das Epitaph für Gerhard Vaget zu einem Zeugnis der Renaissance in Bremen werden, jener Epoche, die kulturgeschichtlich für die »Wiedergeburt der Antike« und den Beginn der Neuzeit steht und - in Deutschland - um 1500 beginnt.

Die Ausstellungsstücke im Treppenhaus

Im Treppenhaus des Dom-Museums sind, mit Ausnahme des Reliefs mit der Dreifaltigkeitsdarstellung (Gnadenstuhl) von 1549, die ältesten Ausstellungsstücke des Museums untergebracht. Die Fundumstände dieser Exponate werfen ein interessantes Licht auf die ganz frühe Zeit des Bremer Doms. Die beiden Tierreliefs beispielsweise wurden während der großen Domrestaurierung Ende des 19. Jahrhunderts beim Abriss der alten Domwestfassade im Abbruchschutt als Steinmaterial vermauert gefunden. Da Bremen keinen Steinbruch in der Nähe hat und alles Baumaterial mühsam vom Weserbergland herbeigeschafft werden musste, war es nahe liegend, bereits vorhandenes Steinmaterial ein zweites Mal zu verwenden. So ist es wahrscheinlich, dass die beiden Tierreliefs im 13. Jahrhundert bei der Aufrichtung der spätromanischen Domfassade als ein Rest der frühromanischen Fassade als willkommenes Baumaterial weiterverwendet wurden. Angesichts der schwierigen Herbeischaffung von neuem Steinmaterial war diese Gepflogenheit weit verbreitet.

Gut zu erkennen ist der auf der linken Seite eines Mauervorsprungs angebrachte Wolf, der sich mit gesträubtem Fell und eingezogener Rute in geduckter Haltung hinwegschleicht. Es handelt sich bei dem Wolf um eine Tiergestalt aus der nordgermanischen Mythologie: Beim Untergang der nordischen Götterwelt im Kampf mit dämonischen Mächten erscheint ein als »Fenriswolf« bezeichneter Tierdämon (vgl. dazu die Kapitellkopie aus der Ostkrypta im Untergeschoss, Beschreibung auf S. 28f.). In baulichem Zusammenhang mit einer christlichen Kirche kann dieses Motiv also nur als Darstellung der überwundenen »heidnischen« Religion gewertet werden.

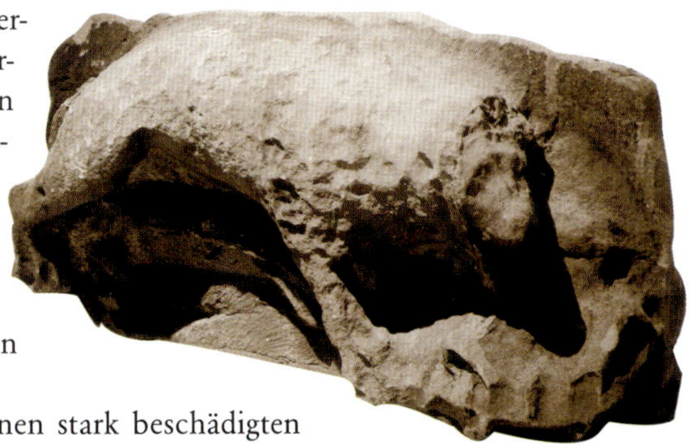

Tierrelief »Fenriswolf«, 11./12. Jahrhundert

Das Motiv des zweiten Reliefs ist durch seinen stark beschädigten Zustand nur schwer zu erkennen. Wie es scheint, handelt es sich um ein lang hingestrecktes Tier mit Tatzen und Mähne, möglicherweise um einen Löwen. Oberhalb des Tierkopfes wird ein weiterer Kopf sichtbar, der als menschliches Haupt gedeutet werden kann. Damit handelt es sich bei der Figurengruppe möglicherweise um die Darstellung einer Geschichte aus dem Alten Testament: Samsons Kampf mit dem Löwen (Richter 14, 5-6). Diese Bibelstelle wird heute nur noch selten zitiert: Der wegen seiner Stärke gefürchtete Samson (Simson) tötet einen Löwen, indem er ihm den Rachen aufreißt. In der mittelalterlichen Kunst galt der Löwe häufig als Symbol des Teufels; die hinter diesem Bild stehende Aussage wäre dann dieselbe wie beim Fenriswolf: die Überwindung der Zeit des Heidentums durch das Christentum.

Betrachtet man diese beiden Relikte aus dem 11./12. Jahrhundert im Zusammenhang mit einem weiteren ebenfalls sehr alten Ausstattungsstück, dem Relief eines thronenden Christus (früher sicherlich ebenfalls an der Außenfassade, jetzt in der Westkrypta), so ergibt sich ein sich gut ergänzendes Motiv für eine künstlerische Darstellung über einer Tür (Tympanon) oder eine Wanddekoration: Christus als Weltenrichter oberhalb der Szenen des überwundenen Heidentums. Auch hierbei wäre damit wie in den Kapitellen der Ostkrypta die Rolle des frühromanischen Bremer Doms als Missionskirche zum Ausdruck gebracht.

Archäologische Funde aus karolingischer Zeit

Zu den Funden der archäologischen Domgrabung in den 70er Jahren gehörten außer den Bischofsgräbern im Mittelschiff auch Fundamentspuren früherer Dombauten, Keramikscherben und eine Vielzahl von Münzen, vorwiegend des 17. und 18. Jahrhunderts. Zwei ganz besondere Funde gelangen den Archäologen allerdings bei der Grabung im Dom-Museum: Sie entdeckten beim Durchsieben des ausgehobenen Erdreichs einen karolingischen Denar und einen Bronzebeschlag für einen Schwertgurt, beides entstanden zu Anfang des 9. Jahrhunderts. Da die Fundstätte Museum außerhalb des im 9. Jahrhundert überbauten Raums und nicht im Zusammenhang mit einer Begräbnisstätte lag, kann es sich nicht um Grabbeigaben handeln. Vielmehr dürften diese Fundstücke zu Gebrauchsgegenständen zu rechnen sein, die von ihrem früheren Besitzer bei einem Gang in unmittelbarer Domnähe verloren worden waren.

Karolingischer Denar, gefunden im Erdreich unter dem Dom-Museum

Die Münze zeigt auf der Vorderseite ein griechisches Kreuz mit der Umschrift »LVDOWICVS« (= Ludwig) und auf der Rückseite eine Gebäudefassade mit der Umschrift »XPISTIANA RELIGIO« (= christliche Religion). Damit ist sicher, dass es sich bei dem Denar um eine Prägung aus der Zeit Kaiser Ludwigs des Frommen (778-840) handelt, eines Sohns Karls des Großen. Der Beschlag des Schwertgurtes zeigt die üblichen verschlungenen Formen der damals gängigen Tierornamentik. Ein Schwertgurt diente, wie der Name sagt, zum Umschnallen des Schwerts und war Zubehör einer jeden Ritterausrüstung; er war mit verschiedenen Beschlägen versehen, die sowohl zur Zierde dienen konnten, als auch für die Brauchbarkeit des Gurts selber notwendig waren. Mit diesen beiden auf den ersten Blick so unscheinbaren Objekten haben wir die ältesten Funde vor uns, die während der Domgrabung im Dombezirk gemacht wurden, Relikte aus der Zeit des Erzbischofs Ansgar (801-865).

Die Exponate in der oberen Etage

Der Silberraum

Der erste Museumsraum im Obergeschoss ist zwei Themenbereichen gewidmet: der Geschichte des Bistums Bremen und dem historischen Altarsilber. Naturgemäß fällt der Blick zunächst auf das glänzende Altargerät; es handelt sich um Stücke aus der Zeit von 1400 bis 1869. Die beiden ältesten Silbergefäße stammen noch aus der vorreformatorischen Zeit. Hier ist besonders der kleinere, vergoldete Eucharistiekelch von Interesse. Durch eine unter dem Fuß eingravierte Inschrift erfahren wir nämlich etwas über seine Herkunft. Die Worte »Gherhardus Brandis Doctor Theologie et Canonicus dedit« (= Gerhard Brandis, Doktor der Theologie und Chorherr, hat [ihn] geschenkt) weisen den Kelch als eine Stiftung des Domherrn Dr. Gerhard Brandis aus. Auf der Oberseite des Kelchfußes ist zudem noch sein Wappen angebracht, ein angewinkelter Arm, der einen nicht näher erkennbaren Gegenstand in der Faust hält. Ist es eine Schreibfeder, eine Fackel oder gar eine Waffe? Leider konnte bisher über die Herkunft des Domherrn nichts Näheres ermittelt werden, aber sein Epitaph im Dom (am ersten Pfeiler von Osten im südlichen Domseitenschiff) überliefert jedenfalls sein Sterbedatum: 26. März 1518.

Messkelch, gestiftet von Domherr Gerhard Brandis, vor 1518

Brandis lebte also in jener religionsgeschichtlich hoch brisanten Zeit, in der am 31. Oktober 1517 mit Luthers Thesenanschlag an der Tür der Schlosskirche zu Wittenberg die Reformierung des christlichen Glaubens eingeleitet wurde. Dieses Ereignis hat Brandis vermutlich zur Kenntnis genommen, denn als hochgebildeter Kanonikus waren ihm die neuesten kirchenpolitischen Vorgänge sicherlich vertraut. In seinem Epitaph hat sich die neue Lehre aber noch nicht niedergeschlagen. Es zeigt Brandis als besonderen Anhänger der Marienverehrung vor der Muttergottes kniend mit dem Spruchband »Sancta Maria, ora pro me« (= Heilige Maria, bitte für mich). Dieser Wunsch - die Bitte für das Seelenheil eines Verstorbenen - manifestiert sich auch in der Kelchspende. Durch die Stiftung eines Kelches für die Messfeier wurde der Geber auch nach seinem Tode der gnadenspendenden Kraft der heiligen Eucharistie teilhaftig.

Diese Vorstellung hat sich wohl auch noch in der evangelischen Gemeinde gehalten, davon zeugen viele im 17.–19. Jahrhundert mit Namen gekennzeichnete Stiftungen von Abendmahlskannen und Hostientellern. Es gibt allerdings auch Hinweise darauf, dass manche Spender gern unerkannt bleiben wollten. Als ein besonders hübsches Beispiel dafür sind zwei identische silberne Kannen für den Abendmahlswein zu nennen, von denen eine im Museum ausgestellt ist. Sie weist die im 17./18. Jahrhundert typische bauchige Form mit birnenförmigem Umriss auf und hat einen doppelt geschwungenen Griff. Auf dem Deckel, dessen Tülle spitz zuläuft, befindet sich als Verzierung ein Lamm mit der Siegesfahne als Christussymbol. Auf der Vorderseite ist zwischen zwei geflügelten Engelsköpfen ein Doppelwappen eingraviert aus einem Baum und einem springenden Hund/Wolf. Rechts und links davon gibt zusätzlich ein Vers[13] einen Hinweis auf die Spender:

Zu Gottes Ehr,	bin ich geschenckt
der Kirchen brauch,	vom Lieben Par
des Altars Schmuck	so diese Wapen
Zu mehren auch	geben dar.

Anno Christi 1692

Leider ist es bis heute nicht gelungen, anhand der Wappen die Identität der Spender zu ermitteln. So gibt uns diese großzügige Spende auch nach über dreihundert Jahren immer noch ein Rätsel auf.

Dass die Spender gelegentlich auch das Nützliche mit dem Schönen verbanden und noch dazu über Jahrhunderte für ein Stirnrunzeln bei den Betrachtern sorgten, zeigt ein kleiner Silberlöffel mit der Gravur »in St. Petri Kirche 1696« auf der Unterseite. Dieser Löffel zeichnet sich dadurch aus, dass seine Laffe [der Teil zum Schöpfen] durchlöchert ist. Dies löst bei den Betrachtern häufig Kopfschütteln oder Schulterzucken aus. Wozu benötigt man in der Kirche einen durchlöcherten Löffel? Die Lösung ist eigentlich ganz einfach: Die Durchlöcherung wirkt wie ein Sieb, mit dessen Hilfe Unliebsames aus dem Wein herausgehoben werden kann, ohne den wertvollen Abendmahlswein zu verschwenden.

Solche Löffel waren in früheren Zeiten offenbar in verschiedenen Gemeinden in Gebrauch; davon zeugt ein Bericht des Elsflether Pastors Corbach von 1684: »Dazu habe ich in Bremen von Meister Jakob Eckhoff uff Lieben Frauen Kirchhof einen kleinen Löffel machen lassen, der voller Löcher

Silbernes Medaillon mit Aufhänger. Durchmesser 3,3 cm. Dekoration Vorderseite: die restaurierte Fassade des St. Petri Doms von der Nordwestseite mit der Beschriftung »DER DOM ZU BREMEN« und als Umschrift (orthographisch nicht ganz korrekt): »CONSERVA DOMINE HOSPITIUM ECELESIAE TUAE.« Rückseite: Beschriftung in Blütenkranz »ANDENKEN AN DEN BAZAR ZUR VOLLENDUNG DES DOMES 1896«

[13] Wiedergegeben in der Originalschreibweise.

Altarleuchter (Detail), gestiftet von Johann H. Kruse, 1846 (links), Apostelfigürchen am Altarleuchter von 1846 (rechts)

und so groß ist, dass er oben im Kelchraum zu liegen gehabt, und zwar zu solchem Zweck, daß, wenn Fliegen, Haare und andere Sachen in den gesegneten Kelch stieben, wie es oft geschieht, und die großen Halunken auf der Prichlen über dem Altar allerhand Unflat herunterfallen lassen, man solches damit reinigen könne und nicht nötig habe, ein Messer aus der Tasche zu nehmen, kostet 46 Grote.«[14] Es waren also ganz praktische Erwägungen, die Meister Eckhoff (tätig 1678–1704) zum Auftrag für diesen besonderen Löffel verhalfen. Tröstlich ist es zu lesen, dass auch früher schon »die großen Halunken« allerlei Unfug auf der Empore trieben. Diese besondere Löffelform war offenbar so erfolgreich, dass auch andere Silberschmiede sich dieses Modells bedienten; der Sieblöffel des St. Petri Doms stammt aus der Werkstatt von Jacob Müller I, tätig 1684–1708. Den Spender kennen wir bisher nicht.

Anders verhält es sich mit vier mächtigen Altarleuchtern, die dem Dom im Jahre 1846 von einem Gemeindeglied gestiftet wurden. Dank der erhaltenen Protokolle der Bauherrensitzungen sind wir in diesem

14 Zitiert nach Löhr, Silber, Nr. 123.

Fall genauestens darüber informiert, wann der Stifter, J. H. Kruse, eine beträchtliche Summe zur Anschaffung von vier Altarleuchtern spendete, wer die Entwurfszeichnung anfertigte und welcher Silberschmied schließlich den Auftrag zur Ausführung erhielt. Über die Person des Stifters sind die Nachrichten allerdings eher dürftig. Immerhin ist dem während der Franzosenzeit nach 1810 eingeführten Zivilstandsregister zu entnehmen, dass Johann Heinrich Kruse von Beruf »Blechenschlägeramtsmeister« war, also Obermeister der Klempnerinnung, wie wir heute sagen würden. Wir erfahren außerdem, dass er am 17. September 1846 in seinem 79. Lebensjahr an Altersschwäche starb. Schon Kruses Vater gehörte dem Amt der »Blechenschläger« an, ist allerdings wohl nicht Meister gewesen. Als unverheirateter Bürger hatte Johann Heinrich Kruse in seiner Funktion als Innungsmeister offenbar einiges Vermögen erworben, so dass ihm eine größere Spende für vier sehr dekorative Silberleuchter möglich war.

Diese Leuchter waren für den neugotischen Hochaltar gedacht, der 1840 anstelle des bisherigen Barockaltars aufgestellt worden war. Die Vorderseite des neuen Altars wurde von fünf Apostelfiguren geschmückt (ebenfalls im Dom-Museum), deren Vorbilder am spätmittelalterlichen Sebaldusgrab in der Nürnberger St. Sebalduskirche zu finden sind. Dieses spätgotische Heiligengrab mit seinen Apostelfiguren schufen Anfang des 16. Jahrhunderts die bekannten Nürnberger Bildhauer und Erzgießer Peter Vischer d.Ä. (um 1460-1529) und Peter Vischer d.J. (1487-1528). 1830 wurde das Grabmal im wieder erwachten Interesse für das Mittelalter und die Kunst der Gotik restauriert und über die Grenzen Nürnbergs hinaus durch eine Stichpublikation bekannt. Hintergrund war die neu erwachte Begeisterung der Zeit der Romantik für das Mittelalter und seine Bauten und Kultur.

Offenbar war das Interesse an diesen Apostelfiguren allgemein so groß - sogar Goethe ließ

Porträt Domprediger Heinrich Wilhelm Rotermund (1761–1848), Pastellzeichnung; Maße: H. 29,5 cm, B. 20 cm. Künstler unbekannt, entstanden um 1790–1800. H. W. Rotermund wirkte seit 1798 als Pastor am St. Petri Dom, seit 1827 als Nachfolger von Dr. Nicolai als Pastor primarius. Besondere Bedeutung kommt Rotermunds schriftstellerischer Tätigkeit zu. Für die Bremer Geschichtsforschung nach wie vor wichtig als Grundlage sind seine Werke über die Geschichte des St. Petri Doms und vor allem sein Lexikon aller Gelehrten in Bremen, das 1818 erschien

sich Kopien von zwei der Figuren anfertigen –, dass der Stifter Kruse dieses Motiv auch für seine Altarleuchter verwendet wissen wollte. So finden wir an den vier Seiten der Leuchter kleine Silberfigürchen in Gestalt der Apostelfiguren des Sebaldusgrabes, allerdings sind nicht alle zwölf kopiert, sondern nur zehn, die in unterschiedlichen Wiederholungen auf den vier Leuchtern erscheinen. Die im September 1847 ausgelieferten Leuchter schmückten den neugotischen Altar bis zu dessen Abbruch anlässlich der großen Domrestaurierung gegen Ende des 19. Jahrhunderts. Zwei der Leuchter sind seit 1987 im Dom-Museum ausgestellt, die beiden anderen befinden sich im Magazin.

Zum kirchlichen Gerät gehören auch die beiden Klingelbeutel in einer der beiden großen Silbervitrinen. Sie weisen an ihren roten Samtbeuteln schöne Stickereien mit Goldfaden auf und sind im oberen Teil mit künstlerisch gestalteten Silberrändern mit Glöckchen ausgestattet. Ihre ursprünglich langen Holzstangen, an denen sie zu den Gottesdienstbesuchern in den Kirchenbänken gereicht wurden, sind im Museum aus Platzgründen modernen kurzen Holzgriffen gewichen. Da das Hantieren mit den Klingelbeuteln Reihe für Reihe während der Sonntagsgottesdienste und an den Festtagen sehr zeitraubend war, hatte sich die Domgemeinde schon vor über hundert Jahren entschlossen, die Verwendung der Klingelbeutel einzustellen, und stattdessen an den Ausgängen große Sammelbecken aufgestellt.

Zu seinem 50-jährigen Dienstjubiläum 1821 erhielt Pastor Dr. Nicolai von einigen Damen aus der Domgemeinde vier kunstvoll gearbeitete Klingelbeutel aus dunkelrotem Samt mit Gold- und Silberstickereien

Die Reisen des heiligen Ansgar

Ringsum an den Wänden des Silberraumes werden wichtige Aspekte der Geschichte des Bistums Bremen aufgezeigt. Gleich zu Beginn klärt eine Übersichtstafel über die Reihenfolge der 47 Bremer Bischöfe und Erzbischöfe auf und gibt zusätzlich Hinweise auf gleichzeitige Ereignisse in Bremen und im Deutschen Reich.

Auf einer der Stellwände ist des Lebens und Wirkens eines bedeutenden Bremer Bischofs gedacht, des heiligen Ansgar, Apostel des Nordens. Diesen Beinamen verdankt er seinen unermüdlichen Bemühungen um die Missionierung der nordischen Völker, eine Aufgabe, die ihm von Kaiser Ludwig dem Frommen (778–840), dem dritten Sohn Karls des Großen, übertragen worden war. 801 im Bistum Amiens geboren, wurde Ansgar im

Benediktinerkloster Corbie in Nordfrankreich erzogen und war seit 823 im neu gegründeten Kloster Corvey an der Weser tätig. Im Sommer 826 erhielt er auf Betreiben des Abtes seines Mutterklosters Corbie die ehrenvolle (und nicht ganz ungefährliche) Aufgabe, den soeben in Mainz getauften dänischen König Harald zurück in seine Heimat zu begleiten und dort in dessen Umgebung weiter zu missionieren. Ansgar ließ sich von den Bedenken seiner Mitbrüder, die um sein Leben fürchteten, nicht einschüchtern, sondern mühte sich tapfer, im »Land der Barbaren« vor allem Kinder und junge Männer für den christlichen Glauben zu gewinnen.

Schon bald danach, im Jahre 829, wurde Ansgar von Kaiser Ludwig dem Frommen auf der Reichsversammlung zu Worms mit der Missionierung Schwedens beauftragt. Auch bei diesem Auftrag ließ sich Ansgar nicht von eventuellen Gefahren schrecken, sondern bestieg im Frühjahr 830 tatendurstig ein Schiff, das ihn nach Schweden bringen sollte. Allerdings waren diesmal die Warnungen seiner Umgebung berechtigt, denn auf halber Strecke kreuzten räuberische Wikinger seine Fahrtroute. Trotz mannhafter Gegenwehr konnten die Händler, mit denen Ansgar reiste, der Übermacht nicht standhalten und mussten das Schiff und alle Handelswaren den Angreifern überlassen. »Auch die königlichen Geschenke, die sie überbringen sollten, und all ihr Eigentum gingen dabei verloren bis auf Kleinigkeiten, die sie zufällig beim Sprung ins Wasser bei sich hatten und mitnahmen«, schrieb ein späterer Chronist mit deutlichem Bedauern.

Dass die Missionare bei diesem Überfall auch 40 Bücher einbüßten, die doch der Glaubensvermittlung im fernen Schweden dienen sollten, wurde als besonders betrüblich vermerkt. Angesichts der mühsamen Bücherproduktion in jenen Tagen kann man dies durchaus nachvollziehen. Die Beschaffung von Pergament als Schreibunterlage - die so genannte Papierzeit war noch nicht angebrochen - war umständlich und kostspielig, denn für jedes Buch benötigte man je nach Umfang zwischen 200 und 500 Schaf-, Lamm- oder Kalbsfelle; zudem musste jeder einzelne Buchstabe eines Schriftwerkes seinerzeit von einem schreibkundigen Geistlichen von einer Vorlage abgeschrieben werden.

Dieses Reiseabenteuer hätte vielleicht so manchen entmutigt, nicht aber den »Apostel des Nordens«. Ansgar und seine Gefährten legten unverdrossen den weiten Weg in den Norden zu Fuß zurück, überwanden hindernde Flussläufe und Meeresarme per Boot und gelangten auf diese Weise bis nach Birka, eine Handelsniederlassung im Mälarsee in Mittelschweden. Hier gelang es ihnen innerhalb von anderthalb Jahren, viele Menschen zu taufen und zum Christentum zu bekehren.

Später als Bischof von Hamburg sah sich Ansgar erneut mit der Gefährdung durch Wikinger konfrontiert. Diese hatten sich im Jahre 845 bei ihren Beutezügen nämlich Hamburg zum Ziel gesetzt. Plötzlich »tauchten«, wie der Chronist schreibt, »ganz unerwartet wikingische Seeräuber mit ihren Schiffen vor Hamburg auf und schlossen es ein. ... Als der Herr Bischof dort von ihrem Erscheinen hörte, wollte er zunächst mit den Be-

Rechts:
Das Nordschiff des St. Petri Doms, Öl auf Leinen; Maße: H. 92 cm, B. 65 cm. Künstler: Bernhard Wiegandt (1851–1918). Dargestellt ist das Nordschiff des St. Petri Doms mit einer anlässlich der Domrestaurierung 1892 neu aufgestellten Christusfigur von Constantin Dausch (1841–1908). Diese Figur wurde im Sinne eines geänderten Kunstverständnisses bei der Domrestaurierung der 1970er Jahre von ihrem Standort entfernt

wohnern der Burg und des offenen Wiks (= Fernhandels- und Umschlagplatz) den Platz halten, bis stärkere Hilfe käme. Aber die Heiden griffen an; schon war die Burg umringt; da erkannte er sich zur Verteidigung außerstande, und nun sann er nur noch auf Rettung der ihm anvertrauten heiligen Reliquien; seine Geistlichen zerstreuten sich auf der Flucht nach allen Seiten, er selbst entrann ohne Kutte nur mit größter Mühe«[15].

Der heimatlose Bischof blieb allerdings nicht lange ohne Bischofssitz. Der Zufall wollte es, dass im selben Jahre der Bremer Bischofsstuhl vakant wurde. Kaiser Ludwig der Fromme entsann sich dabei seines verdienstvollen Missionars und trug ihm die Bremer Bischofswürde an. Auf diese Weise - wenngleich erst nach längeren kirchenrechtlichen Auseinandersetzungen mit dem Erzbistum Köln - kam es 864 zur Zusammenführung von Hamburg und Bremen zum Erzbistum Hamburg-Bremen mit Sitz in Bremen.

Zwei wertvolle Bücher

Über den großen Wert, den Bücherbesitz in jener Zeit für die Kirchen hatte, war schon die Rede. Die St. Petri Domgemeinde wäre allerdings auch heute noch sehr erfreut, wenn sie wieder in den Besitz einer mittelalterlichen Handschrift käme, die vor etwa 350 Jahren auf ungeklärte Weise abhanden kam. In einer kleinen Buchvitrine neben den Abendmahlskannen hat inzwischen nur ein Faksimile dieser Handschrift Platz gefunden, die am Dom seinerzeit sehr große Wertschätzung erfuhr. Es handelt sich um den Dagulf-Psalter, so benannt nach seinem Schreiber Dagulf, der ihn um das Jahr 790 an der Hofschule Karls des Großen in Aachen von einer anderen Vorlage in goldenen Buchstaben auf Pergament abschrieb; daher auch die Bezeichnung »Goldener Psalter«. Ein Psalter enthält die Texte der alttestamentlichen Psalmen sowie die entsprechenden Wechselgesänge (Antiphonen) zur feierlichen Rezitation im kirchlichen Stundengebet.

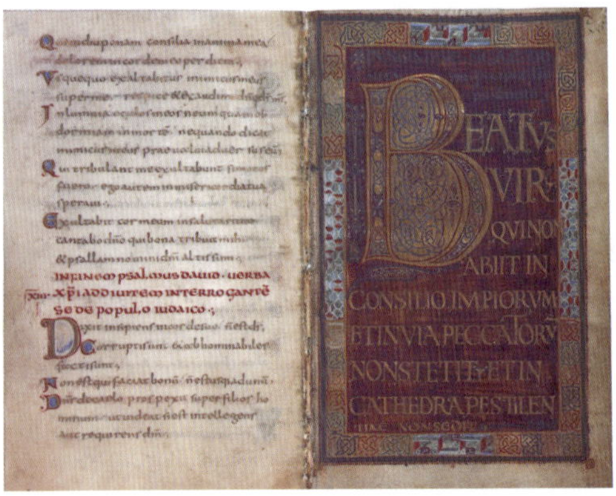

Doppelseite aus dem Dagulf-Psalter, 8. Jahrhundert (Faksimile)

Die Verwendung so kostbarer Materialien für ein liturgisches Buch hatte ihren besonderen Grund. Wie aus dem Widmungsgedicht hervorgeht, sollte diese Handschrift eigentlich als ein Geschenk Karls des Großen an Papst Hadrian I. nach Rom gehen. Doch zur Übergabe in Rom sollte es durch den Tod des Papstes nicht mehr kommen. Die Handschrift verblieb also am Hofe Karls des Großen. Über ihr weiteres Schicksal sind wir nur

15 Rimbert, Vita Anskarii, 16.

unzureichend informiert. Offenbar gelangte sie erst im 11. Jahrhundert als ein Geschenk des damaligen Königs (späteren Kaisers) Heinrichs IV., der auch heute noch durch seinen Bußgang nach Canossa zu Papst Gregor VII. (1077) unvergessen ist, nach Bremen. Zu dieser Vermutung verhilft eine Textstelle im Geschichtswerk des Adam von Bremen: »Damals [Ende 1065] übersandte auch der König aus Mitgefühl für die verheerte Bremer Kirche als Ersatz etwa 100 Messgewänder und weiter Silbergefäße, auch Bücher, ... einen mit Goldbuchstaben geschriebenen Psalter ...«[16]

Da unser Goldener Psalter aber eine Widmung Karls des Großen enthielt, hat man das Buch später für ein Geschenk Karls an seinen ersten Bischof in Bremen, den heiligen Willehad, gehalten und wie eine Reliquie behandelt. Es wurde deshalb auch nicht in der Dombibliothek, sondern in der Schatzkammer aufbewahrt. Einen Hinweis auf sein Vorhandensein in Bremen bietet ein Schatzkammerverzeichnis aus der Zeit um 1420. Dort wird das Buch aufgeführt als »ein Psalter, geschrieben und verziert mit Gold und mit zwei Tafeln aus Elfenbein«.

Dort in der Domschatzkammer verblieb der Goldene Psalter bis zur Auflösung des Erzbistums nach dem Westfälischen Frieden 1648. Auf ungeklärte Weise gelangte er bald danach in den Besitz Kaiser Leopolds I. (1640–1705) in Wien und ist noch heute Bestandteil der Österreichischen Nationalbibliothek. Offenbar müssen zu diesem Zeitpunkt die kostbaren Elfenbeintafeln, die einst den Einband dieses Werkes bildeten, schon entfernt gewesen sein, denn sie gelangten nicht mit nach Wien. Sie befinden sich heute im Louvre in Paris. Ihre geschnitzten Bilder können wir hier in Bremen nur anhand von Fotos studieren: Auf der Vorderseite oben erwählt David die Psalmendichter, unten spielt er zum Psalmengesang eines Chors auf der Harfe. Die Rückseite illustriert die weitere Bearbeitung der Psalmen durch den Kirchenvater Hieronymus. Oben überreicht ein Presbyter Hieronymus die Bitte des Papstes um eine Bearbeitung der Psalmen, und unten diktiert Hieronymus den redigierten Text.

Im Laufe der Jahrzehnte nach dem großen Dombrand 1041 wurden viele Bücher neu angeschafft, so dass die Dombibliothek nach dem oben erwähnten Verzeichnis aus der Zeit um 1420 immerhin wieder etwa 60 Werke umfasste. Dies waren vielfach Rechtssammlungen und natürlich auch liturgische Bücher, die zum Feiern der Messe erforderlich waren. Dass es im Mittelalter einen nur in der Diözese Bremen gültigen Ritus für die Messe gab, belegt ein in einer Pultvitrine an der Schmalseite des Silberraums ausgestelltes »Missale secundum ritum Bremense« (= Messbuch nach dem Bremer

Messbuch von 1511

[16] Adam, III, 45.

Ritus) aus dem Jahre 1511. Dieses Messbuch wurde von Erzbischof Johann Rode (1497–1511 im Amt) im Jahre 1511 in Straßburg in Auftrag gegeben, weil es zum damaligen Zeitpunkt in Bremen noch keinen Buchdrucker gab.

Dieser Umstand macht deutlich, welch ein Aufwand auch damals noch für die Anschaffung eines Buches betrieben werden musste. Zwar war die Bücherbeschaffung seit der Erfindung der Buchdruckerkunst durch Johannes Gutenberg um 1450 in Mainz geradezu revolutioniert worden, aber dies bedeutete nicht, das rund 50 Jahre später jede mittelgroße Stadt schon ihren eigenen Buchdrucker besessen hätte. Wollte man in jener Zeit ein gedrucktes Buch in Auftrag geben, so musste man sich in eine der Hochburgen dieser neuen Kunst begeben oder einen Boten dorthin senden, der die Einzelheiten dieser Sonderanfertigung mit den Buchdruckern abstimmte. Insofern ist dieses schöne Messbuch in unserer Vitrine eine Rarität; in Bremen existieren von diesem Missale nur noch vier Exemplare (zwei in der Staats- und Universitätsbibliothek, eines in der Propsteigemeinde St. Johann und eines am Dom); ob es andernorts noch weitere Ausgaben gibt, ist nicht bekannt.

Der gute Erhaltungszustand unseres Messbuches erklärt sich u.a. auch aus der Tatsache, dass es nur wenige Jahre am Bremer Dom in Gebrauch war, nämlich von 1511 bis 1532. Im Jahre 1522/23 war in den altstädtischen Kirchen die Glaubensreformation im Sinne Luthers durchgeführt worden, nur der St. Petri Dom mit dem Erzbischof an der Spitze blieb dem alten Glauben verpflichtet. Aber auch dies sollte sich ändern. Am Palmsonntag des Jahres 1532 wurde der Dom gewaltsam von den so genannten 104 Männern, einer besonders radikalen Bürgergruppe, in Besitz genommen. »Die 104 Männer schlugen denen auf dem Chor versammelten und in der Absingung ihrer kanonischen Stunden begriffenen Domherren und Vicarien die Bücher zu, geboten ihnen«, wie es in einer älteren Beschreibung der Ereignisse heißt, »unter großen Drohungen, zu schweigen, warfen die Pulte um, und zwangen sie, das Chor zu verlassen. Sie wichen der Gewalt und entfernten sich unter Anführung des Dompropstes Franz Grambeke aus der Stadt.«

Porträt von Domprediger Albert Rizäus Hardenberg, wahrscheinlich 18. Jahrhundert

Der erste evangelische Domprediger

Etwa ein Jahr später kehrten die Domherren wieder in die Stadt zurück. Der Dom blieb jedoch für die Allgemeinheit geschlossen, es fanden keinerlei öffentliche Gottesdienste, weder evangelische noch katholische, darin statt, allenfalls Privatandachten der in der Stadt wohnenden Domherren. Erst 1547 trat ein Wandel ein. Die Domherren bekannten sich inzwischen ebenfalls größtenteils zum lutherischen Glauben und beschlossen, einen evangelischen Prediger einzustellen. Ihr Senior, Graf Christoph von Oldenburg, empfahl einen Schüler Melanchthons, den

Von 1973 bis 1976 wurde unter der Leitung des damaligen Landesarchäologen Dr. Karl Heinz Brandt im Mittelschiff des Doms eine archäologische Grabung durchgeführt. Es gelang außer der Auffindung von Resten der Vorgängerbauten des Doms auch die Freilegung einer mittelalterlichen Bischofsgrablege mit teilweise unberührten Gräbern

Feldprediger Albert Rizäus, genannt Hardenberg, als neuen Domgeistlichen. Der amtierende Erzbischof Christoph, wiewohl nach wie vor Anhänger des alten Glaubens, hatte keinerlei Machtbefugnisse mehr und ließ die Domherren gewähren.

Hardenberg nahm seinen Dienst im Jahre 1547 auf. Im Laufe seines Wirkens am Bremer Dom stellte sich allerdings heraus, dass seine theologische Auffassung nicht immer mit Luthers Lehren übereinstimmte. Besonders in der Deutung des Abendmahls wich Hardenberg von Luther ab und tendierte zu Zwinglis Lehre. Während Luther bei der Feier des Abendmahls von der tatsächlichen Gegenwart Christi in Brot und Wein ausging, sah Hardenberg darin nur eine symbolische Anwesenheit. Diese unterschiedlichen Lehrmeinungen und noch andere theologische Streitfragen zwischen Hardenberg und den anderen Predigern der Stadt führten zu lang andauernden Auseinandersetzungen und schließlich im Jahre 1561 zur Amtsenthebung Hardenbergs. Der Dom war abermals ohne Prediger, wurde erneut geschlossen und erst 77 Jahre später, am 23. September 1638, wieder geöffnet. Ein kleines Ölgemälde neben der Treppe zum Textilienraum I erinnert an den ersten evangelischen Domprediger, der seine Bremer Tätigkeit nach wenigen Jahren wieder aufgeben musste und später u.a. in Emden tätig wurde, wo in der Johannes a Lasco Bibliothek ebenfalls ein Porträt an sein Werk erinnert.

Die Bischofsgewänder im Textilienraum I

Vor der Besichtigung des 1995 eröffneten Erweiterungsteils des Museums sollte man sich neben dem Bild des Predigers Hardenberg dem ersten der beiden Textilienräume zuwenden. Über einige Stufen gelangt man hinab in einen schmalen, abgedunkelten Raum, die einstige Domschatzkammer (»Trese«). Inzwischen ist dieser Raum, nachdem er viele Jahre als Sakristei gedient hatte, ganz der archäologischen Grabung und der Ausstellung der gefundenen mittelalterlichen Textilien und Grabbeigaben gewidmet und damit wiederum zu einer Art »Schatzkammer« geworden.

In den Jahren 1973–1976 wurde anlässlich einer grundlegenden Domrestaurierung im Mittelschiff eine archäologische Grabung durchgeführt, bei der im Bereich vor dem Hochchor nach und nach 13 Bestattungen des Hoch- und Spätmittelalters geborgen und ihrer wissenschaftlichen Untersuchung zugeführt wurden. Diese z.T. noch unberührten Gräber bargen erstaunlich gut erhaltene Skelette, die nach der mittelalterlichen Sitte mit kostbaren Seidengewändern bekleidet waren. Den Toten beigegeben waren die Insignien der Bischöfe (Krummstab und Bischofsring) und außerdem die Zeichen des Geistlichen (Kelch und Patene). Da eine Identifizierung der in den Gräbern Bestatteten nicht möglich war, wurden die Gräber bei ihrer Aufdeckung mit laufenden Nummern versehen.

Der Textilienraum I:
Nach Freilegung der Gräber, der Entnahme ihrer Beigaben und deren Konservierung werden die Grabfunde in zwei eigens eingerichteten klimatisierten Räumen des Dom-Museums ausgestellt

Krümme aus Grab 10.
Außer Krummstäben aus Metall wurde auch eine Krümme aus Eschenholz entdeckt; sie ist mit einem einfachen Blattmotiv verziert und entstand wahrscheinlich im 15. Jahrhundert

Die Grabbeigaben aus Metall und Holz wurden zur Konservierung ins Niedersächsische Institut für Marschen- und Wurtenforschung nach Wilhelmshaven gegeben. Als sehr viel schwieriger stellte sich die Verfahrensweise bei den Textilien heraus. Eine Ablösung von den Gebeinen an Ort und Stelle erwies sich wegen der Empfindlichkeit der Materialien als problematisch. Also wurden bei einigen Gräbern die Textilien mitsamt den Skeletten zum Ablösen der Stoffe (Präparieren) in eine textilhistorische Spezialwerkstatt ins Historische Reichsmuseum in Stockholm gebracht. Die dort durchzuführenden Arbeiten stellten sich als äußerst zeitaufwendig und dementsprechend kostspielig heraus. Jeder Handgriff bei diesen Konservierungsarbeiten musste sitzen, nie nachlassende Vorsicht und unerschöpfliche Geduld waren erforderlich, um aus den acht nach Stockholm transportierten Gräbern 93 Textilobjekte zu konservieren, von denen 30 weitgehend unzerstört, die restlichen aber aus ca. 500 Einzelteilen bestanden. Aber es hat sich gelohnt. Begleiten Sie uns zu einigen besonders interessanten Stücken.

Die geistlichen Gewänder im Mittelalter

Strümpfe Grab 5, 13. Jahrhundert. Zu den erstaunlich gut erhaltenen Textilobjekten aus den Gräbern gehören die Pontifikalstrümpfe aus Grab 5. Sie bestehen wie alle erhaltenen Textilien aus Seide, die aus dem Orient eingeführt und in Deutschland bearbeitet wurde. Als Pontifikalstrümpfe dienten sie dem Bischof als Bestandteil seiner festlichen Gewandung für Gottesdienste und fanden der Sitte gemäß auch als Bestattungskleidung Verwendung

Zur bischöflichen Gewandung des Mittelalters gehörten mehrere Kleidungsstücke, die in einer ganz bestimmten, genau festgelegten Reihenfolge übereinander angelegt und dem Toten auch mit ins Grab gegeben wurden. Über der eigentlichen Unterkleidung folgten vier verschiedene Obergewänder. Die Albe (von lateinisch »albus« = weiß) ist ein langes, weißes Leinengewand; es folgt die Tunika, ein Gewand, das im kirchlichen Bereich allerdings nichts mehr mit der römischen Tunika gemein hat; ferner die Dalmatik, ein knöchellanges Gewand mit weiten, gerade abschließenden Ärmeln, und schließlich die Kasel. Sie ist im Mittelalter wie ein Umhang geformt, daher der aus dem lateinischen »casula« (= kleines Häuschen, Dach) abgeleitete Begriff.

Alle diese Gewänder, außer der Albe, bestanden aus Seide, dem kostbarsten Textilmaterial des Mittelalters. Zu jener Zeit wurde die Seide aus den Ländern rund um das Mittelmeer nach Deutschland eingeführt. Dies war wie die Einfuhr von exotischen Gewürzen und fremden Obst- und Gemüsesorten eine Folge der Kreuzzüge zum Heiligen Grab in Jerusalem. Seidenstoffe, im Ursprungsland mit Lasttieren an die Küste transportiert, dann viele Meilen zu Schiff über das Meer und schließlich mit schwer beladenen Wagen über die Alpenpässe transportiert, gelangten als kostbares Geschenk in Kirchen und Klöster. Hier wurde sie von geschickten Händen verarbeitet: nach bestimmten, lange überlieferten Mustern zugeschnitten, mit Leinen- oder Seidenfäden zusammengefügt und gesäumt, schließlich oft auch noch mit Gold- und Silberfäden bestickt.

Das Hauptwürdezeichen des Bischofs und Erzbischofs ist die Mitra; auch sie aus Seide gearbeitet, häufig mit besonderen Mustern oder Figuren bestickt, mit langen Mitrabändern (Infulae) versehen, die mit Fransen abschließen. Das einheitliche Braun der Stoffe rührt von der jahrhundertelangen Lagerung in den Gräbern her, die bewirkte, dass die ursprünglichen (Pflanzen-)Farben auslaugten. Nur an wenigen Stellen konnten die Stockholmer Konservatorinnen geringe Farbspuren ausfindig machen. Dies war vor allem an den Innenseiten von Säumen der Fall, die den vielfältigen auslaugenden Substanzen in den Gräbern nicht so ausgesetzt waren. Die Mitra des Grabes 23 etwa, eines der ältesten Stücke aus der Sammlung, wahrscheinlich um das Jahr 1000 oder sogar noch früher im östlichen Mittelmeerraum angefertigt, wies nach den Stockholmer Untersuchungsergebnissen ursprünglich eine weiße Färbung auf. Die dazugehörigen Fransen an den Mitrabändern waren hingegen wahrscheinlich rot.

Eine »Mitra pretiosa«

Das Prunkstück des Dom-Museums, die wunderschöne Mitra aus Grab 19, wird in der ersten Hälfte oder in der Mitte des 13. Jahrhunderts entstanden sein. Eine so reich geschmückte Mitra ist in der Textilgeschichte immer ein Sonderfall. In der extra spitzwinklig gestalteten Vitrine ist diese Mitra in Schrägansicht ausgestellt, um sowohl die Vorder- als auch die Rückseite sichtbar zu machen. Die Mitra ist höchstwahrscheinlich in Deutschland aus Seide gearbeitet worden, die aus dem Mittelmeergebiet importiert worden war. Sie zeigt auf beiden Seiten reiche figürliche Seidenstickereien, und zwar die beiden Hauptapostel Petrus (mit Schlüssel) und Paulus (mit Buch) auf der Rückseite und Christus zwischen Maria und Johannes dem Täufer in einer so genannten Deesis (Fürbitte) auf der Vorderseite. An den Schmalseiten flankieren Engel beide Szenen. Zusätzlich sind kleine paillettenartige Silberplättchen in Blütenform über den Stoff verteilt aufgenäht. Die schmalen herabhängenden Mitrabänder weisen ein anderes Webmuster auf; sie sind möglicherweise noch älter als der Kopfteil, nämlich aus dem 12. Jahrhundert. Am unteren Rand der Mitrabänder sind zwei oval geschliffene Bergkristalle als Zierde angebracht. Der Bergkristall war im Mittelalter in der kirchlichen Gewandung und in der Goldschmiedekunst ein sehr beliebter Schmuckstein, wurde seine Reinheit doch als Symbol für die Reinheit und Klarheit der christlichen Lehre, auch für die Lauterkeit des Trägers dieses Steins gedeutet.

Kostbare Bischofsmitra aus Grab 19, 13. Jahrhundert

Ein genauer Blick auf die Mitra des Grabes 19 aus der Nähe macht deutlich, wie geschickt die Konservatorin die verbliebenen Reste der Mitra auf neue Trägerstoffe aufgebracht hat. Zwar ist stets alt und neu durch unterschiedliche Farbnuancen und auch durch die Glätte des neuen Materials kenntlich, und doch sind die beiden Bestandteile so miteinander verschmolzen, dass sie ein harmonisches Ganzes bilden. Als Trägerstoffe wurden nur Naturmaterialien gewählt, also vorwiegend Seide, Baumwolle und Leinen. Die neuen Stoffe wurden in einem passenden Braunton eingefärbt und dann mit einer feinen Nadel und sehr dünnem Seidenfaden mit dem Original verbunden. Als besonderen Trick bei dieser Arbeit verwendete die Restauratorin nur Seidenfäden zum Nähen, die sie um der besseren Haltbarkeit willen zuvor durch Bienenwachs gezogen hatte.

Eine genaue Identifizierung des in Grab 19 bestatteten Erzbischofs war bislang nicht möglich (siehe auch die Ausführungen über den Bischofsstab aus Grab 19, S. 57 u. 102ff.).

Die Pontifikalschuhe mit Elefantenmuster

Dass die Tätigkeit des Konservierens und Restaurierens mittelalterlicher Textilien besondere Techniken verlangt und auch oft wie eine Detektivarbeit anmutet, zeigt das Beispiel der Schuhe mit dem Elefantenmuster. Dieses Muster hat in der Textilforschung eine besondere Bedeutung. Das schon erwähnte Grab 23 barg außer der Mitra und anderen Textilteilen auch ein Paar relativ gut erhaltene Seidenschuhe. Im Rahmen der Voruntersuchungen entschlossen sich die beiden Restauratorinnen, die Schuhe in

Pontifikalschuh mit Elefantenmuster aus Grab 23, um 1000

ihre Bestandteile zu zerlegen, um so das einstige Schnittmuster für die Konservierung besser studieren zu können. Nachdem alle Teile vorsichtig gesäubert, getrocknet und flach auf der Arbeitsplatte ausgebreitet waren, ging es an die Musteranalyse. Hier zeigte sich, dass der Stoff, aus dem der Schuh nach einem bestimmten Schnittmuster herausgeschnitten worden war, eine doppelte Reihe eines Perlmusters aufwies. Mikroskopische Untersuchungen erbrachten nähere Einzelheiten: Das erkannte Perlmuster gehörte ganz offensichtlich zu einem in der Textilforschung berühmten Stoff, auf dem in der Mitte zweier konzentrischer Perlmusterkreise ein Elefant zu sehen ist. Dieser Stoff genießt in der Forschung deshalb einen so besonderen Ruf, weil er auch im Grab Karls des Großen in Aachen anzutreffen ist.

Wie gelangte ein derartig kostbarer Stoff nach Bremen? Ein Stoff, über dessen Farbgebung durch das Aachener Beispiel genaue Kenntnisse vorliegen: Er war ursprünglich purpurfarben mit Ornamenten in Weiß, Gelb, Blau und Grün. Über den Weg dieses Stoffes nach Bremen können wir nur Mutmaßungen anstellen. Er mag irgendwann im 10./11. Jahrhundert als ein Geschenk nach Bremen gekommen, zunächst vielleicht seinem Rang entsprechend zu einem Obergewand verarbeitet und später dann, als er zum Teil verschlissen war, für zwei Pontifikalschuhe zerschnitten worden sein. In unserer Ausstellung ist der linke Schuh wieder zusammengefügt und ausgestellt, und zwar stark wattiert, um ein Brechen des Seidenstoffes durch Faltenbildung zu vermeiden. Der rechte Schuh ist weiterhin aufgetrennt und liegt ausgebreitet da, um die Reste des Elefantenmusters sichtbar zu machen.

Der letzte Träger der Pontifikalschuhe aus Grab 23 konnte nicht mit Sicherheit ermittelt werden. Manches spricht für Erzbischof Hartwig I. (im Amt 1148–1168). Aus seiner Regierungszeit haben zwei Ereignisse eine für Bremen nachhaltige Wirkung gehabt: der langjährige Streit mit Herzog Heinrich dem Löwen um die Grafschaft Stade und die Ausstellung des so genannten Bürgerweidebriefs durch Hartwig, d.h. die Zusicherung der Grenzen der Gemeindeweide, im Jahre 1159.

Islamische Dalmatik aus Grab 18 (Detail), um 1200

Eine islamische Dalmatik aus Grab 18

Unter den Funden aus Grab 18 beeindruckt insbesondere ein großes Seidengewand, die Dalmatik. Sie kehrte nach aufwendiger Konservierungsarbeit erst in jüngerer Zeit aus Stockholm zurück. Beim genauen Hinschauen erschließt sich dem Betrachter ein aufwendiges Muster, das aus einer Wiederholung von unterschiedlich großen Kreisen besteht, in deren Mitte verschiedene Vögel angeordnet sind. Die größeren Kreise bergen zwei einander zugewandte Falken, die kleineren Kreise jeweils einen Doppeladler. Die typische Haltung der Vögel, ihr feines Gefieder und ihre kunstvolle Anordnung sind bestechend. Besonders interessant aber wird dieses Stück durch die Entdeckung eines arabischen Schriftzeichens auf dem Hals der

Falken. Wie die Stockholmer Wissenschaftlerinnen ermittelten, handelt es sich bei diesem fremden Zeichen um das Wort »Gott« in arabischen Buchstaben; es ist jeweils einmal korrekt und einmal spiegelverkehrt eingewebt. Die Einbeziehung dieser Schriftzeichen in das Webmuster deutet auf eine Entstehung des Textilstückes im ostislamischen Kulturkreis hin; als Entstehungszeit kommt die Jahrhundertwende um 1200 in Betracht. Eine Identifizierung des in Grab 18 Bestatteten war bisher ebenfalls nicht möglich.

Grabbeigaben aus Edelmetall

Nicht vergessen dürfen wir bei unserer Betrachtung einzelner Textilien die ebenfalls sehr kostbaren und aufgrund ihres Alters herausragenden Grabbeigaben. Wie groß war das Erstaunen der Archäologen und Bauherren der Domgemeinde, bei der Freilegung der Gräber etwa fünf- bis siebenhundert Jahre alte Abendmahlskelche und Hostienteller sowie Bischofsringe und -stäbe an Ort und Stelle in den Gräbern vorzufinden, in einem Erhaltungszustand, der insbesondere bei den goldenen oder vergoldeten Objekten außerordentlich gut war. Betrachten Sie nur etwa den Bischofsstab aus Grab 19. Er besteht aus dem sehr widerstandsfähigen und noch heute z.B. für Treppenstufen genutzten Eschenholz. Zwar hat er sich gegenüber der Auffindung ein wenig verzogen, ist aber dennoch außerordentlich gut erhalten. Man erkennt etwas unterhalb der vergoldeten Krümme noch die Stelle, an der der Bischof den Stab stets gehalten hat; dort ist das Holz etwas aufgeraut und abgegriffen. Nach den Ermittlungen des Bremer Landesarchäologen Karl Heinz Brandt, des einstigen verantwortlichen Leiters der Grabung, handelt es sich bei Grab 19 »mit 99% Wahrscheinlichkeit« um die sterblichen Überreste des Bremer Erzbischofs Gerhard II., der von 1219-1258 den Bischofsstuhl innehatte.

Krümme des Bischofsstabs aus Grab 19, 13. Jahrhundert

Dieser Erzbischof spielte in der Bremer Geschichte eine wechselnde Rolle. Zwar war er derjenige, der seinerzeit die Einwölbung des Doms und wohl auch die Errichtung der Türme betrieb, er sorgte für die Anschaffung des heute noch erhaltenen (und genutzten) Taufbeckens und war auch sehr rege in der Verwaltung seiner Diözese; gleichzeitig - und da blieb ihm wahrscheinlich keine andere Wahl, wollte er nicht seine Autorität als Kirchenoberhaupt gefährden - war er auch derjenige, der Papst Gregor IX. dazu veranlasste, zum Kreuzzug gegen die Stedinger Bauern aufzurufen. Die Stedinger, ein selbstbewusstes Bauernvolk auf der anderen Weserseite, hatten die Zahlung des Zehnten aufgekündigt - ob berechtigt oder nicht, sei einmal dahingestellt. Dies machte sie in den Augen ihres geistlichen Oberherrn, der zugleich auch landesherrliche Rechte beanspruchte, zu gefährlichen Aufwieglern, die bedingungslos bekämpft werden mussten. Im Mai 1234 kam es zur berühmt-berüchtigten Schlacht bei Altenesch, bei der die heldenhaft um ihre (vermeintlichen)

Krümme des Bischofsstabs aus Grab 18, 13. Jahrhundert

Rechte kämpfenden Bauern der Übermacht eines bremischen Heeres unterlagen.

Ein anderer kostbarer Bischofsstab, der bei der archäologischen Grabung in Grab 18 entdeckt wurde, befindet sich z.Zt. im Bremer Landesmuseum (Focke-Museum). Es handelt sich hierbei wie bei Grab 19 um einen Stab aus Eschenholz von ca. 1,40 m Länge. Anders als der vorerwähnte Stab aus Grab 19, dessen schlichte spiralig aufgerollte Krümme mit einem kleinen Tierköpfchen endet, ist die Krümme aus Grab 18 mit figuralem Schmuck verziert: Eine vollplastische Gruppe aus zwei Personen ist erkennbar, die sich als Jungfrau Maria und den Erzengel Gabriel identifizieren lassen. Die scheinbar ruhig einander gegenüberstehenden beiden Figuren sind bei genauerer Betrachtung in eine lebhafte Szene verwickelt. Gabriel schreitet, wie die hintereinander gestellten Füße erkennen lassen, auf sein Gegenüber zu und reicht Maria in der entgegengestreckten Linken das Lilienzepter, ein Symbol für die Reinheit der unbefleckten Jungfrau.

Maria steht dem Engel gegenüber vor einem Stuhl mit hoher Rückenlehne und scheint von der plötzlichen Gegenwart des Himmelsboten überrascht zu sein; sie blickt erstaunt aus dem in Lesehöhe gehaltenen aufgeschlagen Buch auf. Ihr Blick aus großen kugelförmigen Augen richtet sich auf den Mund des Sprechers. Man hört förmlich die in der Bibel überlieferten Worte des Engels: »Ave, gratia plena, Dominus tecum.«[17] (= Sei gegrüßt, du Gnadenreiche, der Herr sei mit dir«.)

Die beiden Figuren stehen auf einer schmalen waagerechten Platte und sind eingebunden in die mit Krabben besetzte Windung der Krümme des Stabes, die mit einem wunderbaren Rautenmuster aus blauem Grubenschmelz (Emailtechnik) überzogen ist. Die Krümme endigt in einem floralen Motiv, das zum einen nach oben zum rechten Flügel des Engels und zum anderen mit einem langen schmalen Steg nach unten zur Krümmenbasis gerichtet ist. Der Knauf (Nodus) ist in der oberen wie unteren Hälfte von jeweils vier ineinander verschlungenen Drachen umwunden, drei weitere schlangenartige Gebilde verzieren in regelmäßiger Anordnung die unter dem Knauf befindliche Hülse der Krümme, die den Holzstab aufnimmt.

Die Herstellungsart dieser Krümme lässt erkennen, dass wir hier eine Arbeit aus den Werkstätten in Limoges (Mittelfrankreich) vor uns haben. In Limoges, das seit dem 3. Jahrhundert Bischofssitz war, gab es im Mittelalter, besonders im 12./13. Jahrhundert, Werkstätten für diese Emailtechnik, die seinerzeit eine hohe Produktivität entwickelten, so dass ein regelrechter Handel mit den Erzeugnissen innerhalb ganz Mitteleuropas einsetzte. Auf solche Weise wird auch dieser Stab oder auch nur die ablösbare Krümme nach Bremen gelangt sein.

17 Lk. 1, 28.

Domprediger Oscar Heinrich Mauritz (1867–1958). Porträtphotographie H. Berghäger, Bremen, Georgstraße 16. Maße: H. 16,5 cm, B. 10,7 cm. Einer der bedeutenden Domprediger war Oscar Heinrich Mauritz, der mehrere Jahrzehnte, von 1897 bis 1946, als Pastor am Dom, seit 1915 als Primarius wirkte. Dieser von vielen Bremern als Prediger hochgeschätzte Geistliche vertrat eine sehr liberale Einstellung, mit der er als Konfirmationssprüche statt Bibelversen Goethe-Worte auswählte

Nach Meinung einer französischen Forscherin könnte die Entstehungszeit der Krümme zwischen 1230 und 1235 liegen. Für die Identifikation der Person des Verstorbenen aus Grab 18 und damit des Besitzers des Krummstabes ist diese Datierung erschwerend, da in dieser Zeit kein Bischofswechsel in Bremen stattfand. Erzbischof Gerhard regierte während eines sehr langen Zeitraumes (1219-1258); es käme also nur sein Nachfolger Hildebold in Frage, der von 1258/59 bis 1273 im Amt war. Die Tatsache, dass die Erzeugnisse der Limousiner Werkstätten auch »auf Vorrat« und nicht nur gezielt auf Bestellung gearbeitet wurden, unterstützt diese These. Der Stab kann, 1230-1235 hergestellt, zum Amtsantritt Erzbischof Hildebolds in Limoges bestellt und sozusagen vom Lager entnommen und nach Bremen »geliefert« worden sein.

Leider ist ein zwischen den Unterschenkeln des Toten in einem Stofffutteral liegendes Bleitäfelchen, das möglicherweise seinen Namen barg, nicht näher bestimmbar gewesen. Die Sitte, den Namen des Toten auf einer kleinen Bleitafeln einzuritzen und mit ins Grab zu legen, war schon im 9. Jahrhundert üblich und erstreckte sich bis ins späte Mittelalter. Bedauerlicherweise waren jedoch die bei der archäologischen Grabung 1973-1976 gefundenen Täfelchen samt und sonders entweder bereits zerfallen oder aus anderen Gründen nicht mehr lesbar. So muss also die Bestimmung der Persönlichkeit des Besitzers dieses schönen Krummstabes weiterhin unklar bleiben.

Der neue Teil des Dom-Museums

Vom Textilienraum geht es jetzt durch den Silberraum hindurch ein paar Stufen hinab und durch einen kleinen Verbindungsbau in den neuen Teil des Dom-Museums; eine schöne alte Eisentruhe, die heute als Sammelbehälter genutzt wird, bildet in diesem Übergangsraum den Auftakt zu weiteren Entdeckungen. Die Eisentruhe mit dem verschlungenen Schließmechanismus auf der Innenseite des Truhendeckels diente sicherlich früher einmal als Geldtruhe. Ihre genaue Herkunft, der Hersteller, die Zeit ihrer Entstehung sind unbekannt. Aber im Vergleich mit vielen ähnlichen Truhen in anderen Museen und Schlössern lässt sich vermuten, dass sie wohl aus dem 17. Jahrhundert stammt.

Porträt Richard Liesche (1890–1957), Öl auf Presspappe; Maße: H. 98 cm, B. 74,5 cm. Künstler: unbekannt (Signatur nicht zu entziffern), entstanden lt. Signatur 1951. Professor Richard Liesche war von 1930 bis 1957 Kantor am Dom. Von ihm wird berichtet, dass er im Zweiten Weltkrieg mit großem persönlichen Mut als Luftschutzwache mehrere Dutzend Brandbomben löschen half und damit den Dom vor der Zerstörung bewahrte. Nur drei Wochen nach Kriegsende, als nach einem Bericht von Pastor Dr. Dietsch die Schuttmassen einen Meter hoch im Nordschiff lagen und im ganzen Dom kein Fenster heil war, gelang es Kantor Liesche, bei der ersten Nachkriegsmotette tausende Zuhörer, die auf Schutt und Trümmern saßen oder standen, mit dem Choral »Verleih uns Frieden gnädiglich« zu rühren und zu erfreuen

Anfangs besaß der St. Petri Dom als Aufbewahrungsmöbel für wertvolle Gegenstände wohl nur die große Holztruhe, die im südlichen Querschiff in Museumsnähe neben der Chorwand steht. Diese lang gestreckte Truhe, die ein beträchtliches Alter hat, war ursprünglich wohl als Kleidertruhe für die Aufnahme der verschiedenen liturgischen Gewänder bestimmt, die bei den Messfeiern erforderlich waren. In einer Auflistung des Domschatzes aus der Zeit um 1420 ist nämlich von einer »großen Kiste« die Rede, in der neun Gewänder aufbewahrt wurden. Offenbar hat man die Kleiderkiste zu einem späteren Zeitpunkt zu einer Geldkiste umgestaltet, darauf lassen ihre vielen schweren, offenbar nachträglich angebrachten Vorhängeschlösser schließen. Dies mag vielleicht anlässlich des Besuchs von Kardinal Raimund Peraudi gewesen sein, als dieser als päpstlicher Legat mit dem Auftrag nach Norddeutschland kam, möglichst viele Gelder für einen geplanten Feldzug gegen die »Ungläubigen« (die Türken) zu sammeln, natürlich mit Hilfe der so begehrten Ablassbriefe. Am Ende seines Aufenthalts im Mai 1503 fanden die verantwortlichen Domherren die Summe von 6740 Gulden und 18 Grote an Spendengeldern in der »groten Kiste«! Gemessen daran, dass der Turmwächter von St. Ansgarii zu jener Zeit einen Jahreslohn von zwölf Gulden und der neue Ratsphysikus 40 Gulden erhielt, lässt sich die erstaunliche Höhe dieser Geldsammlung kaum begreifen.

Die Eisentruhe im Verbindungsbau zum neuen Teil des Dom-Museums mag dann noch später angeschafft sein als ein etwas leichter bewegliches Möbel, wenngleich auch sie noch ganz gewichtig sein dürfte. Derartige Truhen wurden im Dreißigjährigen Krieg häufig als Kriegskasse genutzt, aber auch in Friedenszeiten wird sie gute Dienste geleistet haben. Auf alten Fotos - den einzigen Quellen für ihre frühere Verwendung - bildet die Eisentruhe ein dekoratives Ausstellungsstück in der Ostkrypta, die 1901 nach der großen Domrestaurierung museumsartig eingerichtet worden war. Später führte die Truhe ein vergessenes Dasein in einem Depot, bis sie 1995 als Spendenbehälter ein wenig aufgearbeitet und mit einer Glasplatte mit Einwurfschlitz versehen wurde. Jetzt ist sie viel bestaunter Anziehungspunkt für Jung und Alt, die - trotz Euro - an den vielen verschiedenen Münzen und Scheinen in ihrem Innern ihren Spaß haben.

In dem großen L-förmigen Raum im Erweiterungsteil des Museums sind linkerhand in zwei Buchvitrinen einige historische Bücher ausgestellt, die zusammen mit einer Foto- und Textwand einen Einblick in die Geschichte des St. Petri Doms nach 1638 gewähren. Dies war der Zeitpunkt der Wiederöffnung des Doms zum (evangelischen) Gottesdienst, nachdem die Kirche nach dem Weggang von Domprediger Hardenberg als Gotteshaus 77 Jahre geschlossen war. Die erneute Öffnung wurde durch ein schlimmes Ereignis herbeigeführt: Am 27. Januar 1638 stürzte bei ruhigem Wetter der rechte (südliche) Domturm ein und begrub acht Menschen unter sich. Dieses Unglück war höchstwahrscheinlich durch die bauliche Vernachlässigung heraufbeschworen, der das Bauwerk in den zurückliegenden Jahrzehnten während der Schließungszeit ausgesetzt gewesen war.

Der damalige Erzbischof Friedrich II. (1634-1648 im Amt) setzte sich gegen den Widerstand der Stadt energisch für die Wiederöffnung der Kirche ein, und nach zähem Ringen konnte ein Jahr später, 1639, endlich ein Vertrag geschlossen werden, der den Lutheranern der Stadt erlaubte, in ihrem Dom wieder Gottesdienst zu halten sowie Taufen, Konfirmationen, Trauungen und Beerdigungen durchzuführen. Die Gemeinde musste sich nun erst einmal wieder neu konstituieren. Dieser Vorgang hat mit Sicherheit einige Jahrzehnte in Anspruch genommen, denn in den vergangenen 77 Jahren hatten sich die Gemeindeglieder zwangsläufig für die kirchlichen Handlungen in die übrigen Kirchen der Stadt begeben müssen und dort vermutlich auch ein gewisses Heimatgefühl entwickelt.

Doch nun mussten für den Gottesdienst und die anderen Amtshandlungen natürlich auch neue Gerätschaften angeschafft werden. Dazu gehörten zwei noch heute vorhandene, aber aus konservatorischen Gründen nicht ausgestellte Abdeckplatten für den Abendmahlskelch (Pallae) aus dunkelrotem Samt. Sie sind mit Wappenstickereien versehen und zeigen die Namen ihrer Stifter und das Spendendatum 1639. Möglicherweise erhielt auch damals der eine der beiden erhaltenen alten Abendmahlskelche die größere Trinkschale, da er ja nun nicht mehr ausschließlich dem Geistlichen vorbehalten, sondern für die gesamte Gemeinde gedacht war.

Domprediger Hermann Rahm (1885–1950), Porträtphotographie von Ruth Waller, Bremen. Maße: H. 18,5 cm, B. 13,5 cm. Bei der Jugend sehr beliebt und deshalb wohl auch zum Landesjugendpfarrer gewählt war Domprediger Hermann Rahm, der am Dom von 1931 bis 1950, seit 1946 als Primarius tätig war. In jenen Jahren war die Domgemeinde wesentlich größer als heute, so dass Konfirmandenzahlen von 100 bis 120 pro Pastor keine Seltenheit waren

Auch eine kleine Messingtaufschale hat sich erhalten, die vermutlich in dieser Zeit angeschafft wurde, denn sie zeigt ringsum am Rande die Worte eines Taufliedes von Martin Luther. Interessanterweise wählte man nicht den ersten Vers des Liedes »Christ unser Herr zum Jordan kam« zum Eingravieren - vielleicht empfand man den zweiten Teil dieses Verses in seiner lutherischen Direktheit für einen solchen Anlass als unpassend (»... Da wollt er stiften uns ein Bad, zu waschen uns von Sünden, ersäufen auch den bittern Tod durch sein selbst Blut und Wunden ...«). Stattdessen kam der zweite Vers zur Verwendung: »So hört und mercket alle wol, was Gott selbst heist die Tauffe: und was ein Christe

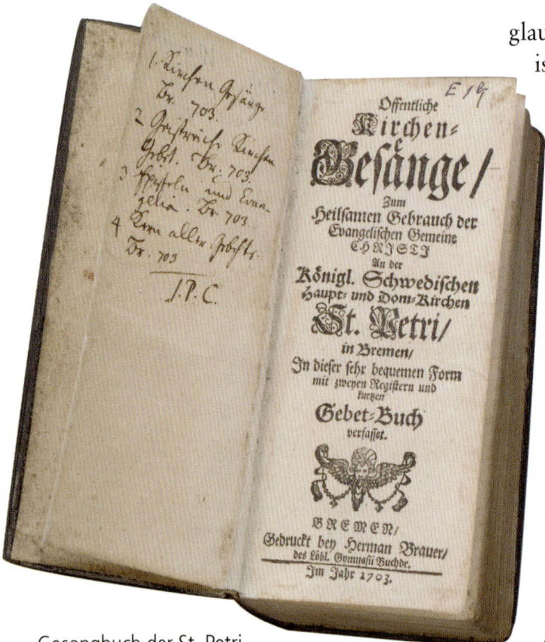

Gesangbuch der St. Petri Domgemeinde von 1703

glauben sol zu meiden Ketzer Hauffe ...«[18] Dieses Lied ist übrigens noch heute im Gesangbuch zu finden, der möglicherweise zu Missverständnissen Anlass gebende Text mit den Ketzern - Luther bezieht ihn wohl auf die so genannten Wiedertäufer - war unverändert noch im Evangelischen Kirchengesangbuch für Bremen von 1980, Lied Nr. 146, enthalten, ist aber in der neuen Gesangbuchausgabe von 1994, Lied Nr. 202, etwas geglättet worden: »So hört und merket alle wohl, was Gott selbst Taufe nennet, und was ein Christe glauben soll, der sich zu ihm bekennet.«

Zum Druck eines Gesangbuches kam es offenbar erst 1688, eine Neuauflage erschien schon 1703. Das schmale, aber umfangreiche Buch mit dem schönen Titel »Öffentliche Kirchen-Gesänge / Zum Heilsamen Gebrauch der Evangelischen Gemeine Christi An der Königl. Schwedischen Haupt- und Dom-Kirchen St. Petri / in Bremen / In dieser sehr bequemen Form mit zweyen Registern und kurtzen Gebet-Buch verfasset« weist Liedertexte ohne Noten auf, wie es damals üblich war, da die Melodien allen so vertraut waren, dass sie ohne Unterstützung durch Noten gesungen werden konnten. Auf diese Weise enthält der nur 7 cm breite und knapp 15 cm hohe, aber 4 cm dicke Band auf 750 Seiten 549 Liedertexte, die im Verzeichnis in folgende Untergruppen eingeteilt sind: hohe Fest- und Feiertagslieder, Katechismuslieder, Lehrlieder, Gebet-, Fürbitt-, Lob- und Danklieder, Klag- und Trostlieder. Es folgen dann - und damit stimmt dieses alte Büchlein wiederum überraschend eng mit dem heutigen Gesangbuch in seiner neuesten Ausgabe überein - noch ein zweiter Teil mit Gebeten und ein dritter Teil mit Angabe der Predigttexte für das ganze Jahr.

Es macht Freude, in diesem genau 300 Jahre alten Büchlein zu blättern, weil man dabei auf so anrührende Kapitel stößt wie »Seuffzerlein / so unter der Predigt können gebrauchet werden« - gemeint ist ein Gebet zur richtigen Aufnahme der Predigt - oder unerwartet, aber wohl noch üblich im lutherischen Dom »Gebet, wenn man itzt in den Beichtstuhl gehen wil«. Nachdenklich stimmt ein Abschnitt mit Liedern »um Gesundheit und Abwendung der Pest«; dass dies auch zu jener Zeit keineswegs abwegig war, beweist ein Blick in die bremische Chronik: Die letzte Pestepidemie wütete hier im Jahre 1712/1713. Auch andere Gesänge hatten sicherlich in jedem Jahr ihre Berechtigung: Lieder »um Frieden

18 In der Originalschreibweise.

und desselben Erhaltung« oder »um Abwendung der theuren Zeit und Gedeihen der Landfrüchte«, und wie wichtig war gerade für das Erreichen des Letzteren ein Gesang »für Abwendung des Ungewitters«!

Die beiden noch heute im bremischen Gesangbuch enthaltenen Lieder »Wach auf, mein Herz, die Nacht ist hin« und »Ermuntert euch, ihr Frommen« des Bremer Domkantors Lorenz Lorenzen (1660–1722) aus dem Jahre 1700 sind in der Ausgabe von 1703 noch nicht enthalten, denn sie waren für den Druck, der sicherlich eine längere Vorbereitungszeit hatte, wohl noch zu neu.

Der »Schmerzensmann« von Lucas Cranach d.Ä.

An einer hohen Stellwand des großen Ausstellungsraums im Neubau fällt ein Gemälde einer Christusfigur ins Auge; es ist ein als »Schmerzensmann« bezeichnetes Werk von Lucas Cranach d.Ä. (ca. 1537). Gestiftet wurde es 1825 von Senator Dr. Gottlieb F. C. Horn, Dombauherr von 1810–1812.

Lucas Cranach d.Ä., Schmerzensmann, nach 1537

Das Gemälde zeigt eine Christusfigur in Lebensgröße vor dunklem Hintergrund, auf dem leicht gewölbten Boden wie auf einer Erdkugel stehend. Rechts und links umgeben kleine in den Wolken schwebende Engelsfiguren den Heiland wie eine Gloriole. Christus ist bis auf den Lendenschurz unbekleidet und hält in den vor der Brust gekreuzten Händen die Leidenswerkzeuge, Geißel und Rute. Auf seinem wie duldend geneigten Haupt sitzt eine Dornenkrone. Aus der Seitenwunde und den Wundmalen an Händen und Füßen fließt Blut. Mit leicht geöffnetem Mund blickt Christus unverwandt den Betrachter an; sein Gesichtsausdruck verrät die zurückliegenden Leiden und seine Opferbereitschaft.

Der Bildtypus »Schmerzensmann« ist in der Kunstgeschichte deutlich vom Bildtypus »Ecce Homo« zu trennen, mit dem er allerdings oft verwechselt wird. Das mit »Ecce Homo« bezeichnete Thema behandelt eine nur im Johannes-Evangelium überlieferte Szene der Passionsgeschichte: Nachdem die Juden Christus als Hochstapler angeklagt und zur Bestrafung vor Pilatus gebracht haben, lässt dieser ihn auspeitschen. Die Kriegsknechte des Pilatus peinigen ihn zusätzlich mit ei-

1930/1931 fand im St. Petri Dom eine erste archäologische Grabung statt, die – sehr ungewöhnlich zu damaliger Zeit – von einer Frau geleitet wurde. Dr. Helen Rosenau entdeckte bei dieser Gelegenheit auf der Suche nach Resten von Vorgängerbauten des heutigen Doms im Mittelschiff das Grab eines Erzbischofs, das 1973 vom damaligen Landesarchäologen Dr. Karl Heinz Brandt ein weiteres Mal untersucht wurde und dessen textile Grabfunde aus dem 13. Jahrhundert inzwischen im Dom-Museum ausgestellt sind. Das Foto zeigt Frau Dr. Rosenau während der Grabung in der Westkrypta des Doms

ner Krone aus dornigen Zweigen und verhöhnen ihn, indem sie ihm einen Purpurmantel anziehen, wie er nur Königen zukommt. Nach dieser Bestrafung führt Pilatus Christus wieder vor das Volk. Er ist von Christi Schuld nicht überzeugt: »Sehet, ich führe ihn heraus zu euch, dass ihr erkennet, dass ich keine Schuld an ihm finde.« Christus tritt mit Dornenkrone und Purpurkleid vor das Volk, und Pilatus spricht die Worte: »Sehet, welch ein Mensch!« (»Ecce homo«).

Die Ecce-Homo-Darstellung beinhaltet also zwei Merkmale: Christus ist mit Dornenkrone und Purpurmantel ausgestattet und zeigt keine Wundmale. Er wird von Pilatus begleitet. In dieser Weise ist er häufig, u.a. auch von Lucas Cranach in einer Holzschnitt-Passion, dargestellt worden.

Der »Schmerzensmann« hingegen ist eine Bilderfindung des späten Mittelalters, eine Zeit, in der das Andachtsbild eine besondere Wert-

In der Reihe der Domorganisten bisher die einzige Frau war Käthe van Tricht (1909–1996), die dieses Amt über 40 Jahre, von 1933 bis 1974, innehatte. Vielen Bremern sind ihre Weihnachtsliederabende und ihre Orgel- oder Klavierkonzerte noch in bleibender Erinnerung. Das Bild zeigt sie mit ihrem Ehemann an der Stätte ihres Wirkens auf der Orgelempore im St. Petri Dom

schätzung erfuhr. Für die Ausprägung des neuen Bildtypus wurde die Ecce-Homo-Darstellung, die Christus eindeutig vor der Kreuzigung zeigt, mit Darstellungsinhalten des auferstandenen Christus verschmolzen (z.B. Wiedergabe der Wundmale), so dass ein Bild des leidenden und des gleichzeitig siegreich den Tod überwindenden Christus entsteht. Indem der Gläubige sich in den Anblick dieses Bildes vertieft, gedenkt er der Leiden Christi bei der Geißelung und am Kreuz, ist sich aber gleichzeitig seiner Erlösung durch diesen Tod bewusst, so wie es das - allerdings erst im 17. Jahrhundert entstandene - Lied »Du großer Schmerzensmann« lehrt. In dieser Form war der Schmerzensmann in vielen Kirchen und auch in Privathäusern Gegenstand religiöser Meditation. Ein sehr schönes Bild dieses Typs, ebenfalls von Lucas Cranach, besitzt z.B. das Roselius-Haus in der Böttcherstraße in Bremen, eine im 20. Jahrhundert zusammengetragene Privatsammlung des Bremer Kaufmanns Ludwig Roselius, wenige Schritte vom Dom-Museum entfernt.

Lucas Cranach (1472–1553) lernte in seiner Heimatstadt Kronach (Oberfranken) wahrscheinlich bei seinem Vater das Malerhandwerk, ging 1502 zur Vervollkommnung seiner Fertigkeiten nach Wien - dort entstanden seine ersten noch heute bekannten Werke - und reiste schließlich 1508 zu weiteren Studien in die Niederlande. Schon vorher hatte er 1505 eine feste Anstellung als Hofmaler des sächsischen Kurfürsten Friedrich der Weise in Wittenberg erhalten. Hier schloss er später Freundschaft mit Martin Luther und wurde ein eifriger Verfechter seiner Lehre. Berühmt sind seine Porträts von Luther und Melanchthon und anderen Zeitgenossen, aber auch seine zahlreichen groß- und kleinformatigen Gemälde mit biblischen Themen und Motiven aus der klassischen Mythologie. Außerdem gestaltete er eine Fülle von Illustrationen für die Schriften Martin Luthers und trug auf diese Weise zur Verbreitung des Protestantismus bei.

Leider ist über die Herkunft des Bremer Schmerzensmannes so gut wie nichts bekannt. Wir wissen nicht, wann und aus welcher Sammlung der Vorbesitzer, Senator Dr. Horn, das Gemälde erwarb oder ob es aus Familienbesitz stammte. Die Zuschreibung an Lucas Cranach erfolgt aufgrund der Signatur, der geflügelten Schlange, ein Zeichen, mit dem Lucas Cranach d.Ä. seine Werke seit 1509 zeichnete. Diese Signatur wandelte er im Jahre 1537 ab. Aus der Schlange mit den erhobenen Flügeln wurde eine Schlange mit geneigten Flügeln. Da der Schmerzensmann der St. Petri Domgemeinde die letztere Form als Signatur aufweist, geht die Kunstforschung von einer Entstehung frühestens im Jahre 1537 aus.

Zwei spätmittelalterliche Altargemälde

In einem Kabinett hinter dem Cranachbild hängt inzwischen der bisher jüngste Neuzugang zum Museum. Es handelt sich vermutlich um Teile eines spätmittelalterlichen Klappaltars aus der Zeit um 1500. Ursprünglich schmückten die beiden Tafeln eine Wand der Domsakristei, doch da sie dort eigentlich nur den Pastoren und ihren Gesprächspartnern sichtbar waren, entschloss sich die Domgemeinde, sie einem größeren Besucherkreis zugänglich zu machen, und genehmigte anlässlich des 25-jährigen Bestehens der Stiftung Bremer Dom e.V. die (leihweise) Übergabe an das Dom-Museum.

Dargestellt ist auf der einen Tafel die Geißelung Christi: Christus steht mit auf den Rücken gebundenen Händen vor der Geißelsäule und wird von zwei Schergen mit Peitschen und Reisigbündeln geschlagen; zwei weitere Männer verspotten ihn durch Gesten. Die zweite Tafel zeigt die Kreuztragung Christi, verknüpft mit der im Mittelalter sehr beliebten Szene der heiligen Veronika mit dem Schweißtuch: Die nicht in der Bibel, sondern durch spätere Legenden überlieferte Begebenheit erinnert an eine Frau, die dem sein Kreuz tragenden Christus den Schweiß vom Gesicht gewischt haben soll. Auf dem Tuch habe sich daraufhin das Antlitz Christi abgebildet. Dieses Tuch mit dem Antlitz Christi hat in der Kunstgeschichte die etwas ungewöhnliche Bezeichnung »Schweißtuch der Veronika« erhalten, wobei der Name der Heiligen sich offenbar aus der Zustandsbeschreibung des Tuches »vera ikon« (= wahres Bild) entwickelt hat.

Die Bildtafeln erhielten offensichtlich in der ersten Hälfte des 19. Jahrhunderts eine neue Rahmung mit Rosettenmotiven an den Ecken; ob dies auch der Zeitpunkt ihrer Übernahme in den St. Petri Dom war oder ob sie bereits seit längerem zum Inventar gehörten und welcher Malerschule sie zuzuordnen sind, bedarf noch weiterer Untersuchungen.

»Schauer« der St. Jacobi-Brüderschaft, um oder vor 1600

Die St. Jacobi-Brüderschaft in Bremen und ihr »Schauer«

Das Grab des heiligen Jacobus des Älteren (Jacobus Major) in Santiago de Compostela (Spanien) wurde im Mittelalter nach Jerusalem und Rom zum bedeutendsten Wallfahrtsort Europas. Auch von Bremen aus machten sich Pilger vor allem aus Nordeuropa und dem Baltikum zu Wasser oder zu Lande nach Santiago auf den Weg. Sie besuchten auf ihrer Reise den Bremer Dom, um hier am Jacobus-Altar ein Gebet zu sprechen. Nach dem Bericht von Adam von Bremen hatte Erzbischof Adalbert in der Mitte des 11. Jahrhunderts die Hand des heiligen Jacobus als kostbare Reliquie aus Italien an den St. Petri Dom gebracht.

Zur Betreuung dieser durchreisenden Pilger hatte sich im 15. Jahrhundert eine »Sancti Jacobi-Brüderschaft« gegründet. Sie kümmerte sich um das seelische und leibliche Wohl durchreisender Pilger, die von hier aus ihre Reise zu Fuß oder per Schiff fortsetzen wollten. Die Brüderschaft existiert noch heute. Zwar betreut sie jetzt keine Pilger mehr, sondern unternimmt hin und wieder selber eine Pilgerreise nach Spanien; ihr jetziges Hauptanliegen ist es jedoch, unverschuldet in Not geratene Kaufleute zu unterstützen. Eine zweite, im 17. Jahrhundert in Bremen gegründete »Bruderschaft

Silbernes Jacobus-Figürchen vom »Schauer«

Silberner Trinkrand des »Schauers« mit Namensangabe der vermutlichen Stifter

Sancti Jacobi Majoris« hat sich die Betreuung von Witwen und Waisen zum Ziel gesetzt.

Eines der kostbaren Traditionsgeräte der St. Jacobi-Brüderschaft ist der hölzerne »Schauer«, ein Trinkgefäß aus dem 16. Jahrhundert. Dabei handelt es sich um einen gedrechselten Pokal mit silbernem Lippen- und Fußrand. Die Namen der damaligen Mitglieder der Brüderschaft sind in den silbernen Lippen- und Fußrand eingraviert. Im Inneren des Behälters befindet sich eine zweite, ebenfalls gedrechselte, kleinere Holzschale, die ihrerseits in der Mitte ein drittes kleines Holzbehältnis birgt, auf dem ein silbernes Jacobusfigürchen thront. Zweck dieses Gefäßes mit der sinnreichen Einteilung war die Aufnahme eines heißen Gewürzweins, wobei die Gewürze im innersten Gefäß ruhten und langsam durch die im Holz befindlichen Löcher ihr Aroma abgaben. Der »Schauer« wurde früher bei den Zusammentreffen der Mitglieder der St. Jacobi-Brüderschaft in feierlicher Zeremonie zum Kredenzen des Begrüßungstrunkes von Mitglied zu Mitglied weitergereicht; in unseren Tagen bildet der Schauer bei den Zusammenkünften der St. Jacobi-Brüderschaft einen kostbaren Tischschmuck.

Die neben dem Schauer befindliche Landkarte zeigt die Wege, die im Mittelalter die Pilger nahmen, um nach Santiago de Compostela zu gelangen. Die Pilgerfahrt führte entweder in mühseliger Fußreise vom Rheinland aus durch Frankreich, dann über die Pyrenäen und schließlich bis an das nordwestliche Ende Spaniens, oder aber von Bremen aus per Schiff durch den Ärmelkanal und sodann an der französischen und spanischen Küste entlang. Für die Skandinavier und die Pilger aus dem nordosteuropäischen Raum war Bremen eine wichtige Station auf der Pilgerreise. Hier gab es am Weserufer in der Nähe des Martinikirchhofes seit 1366 eine Pilgerherberge, das St. Gertrudenhospital, in dem die Reisenden Kost und Logis bekamen. Auf Grund einer frommen Stiftung erhielt jeder Pilger Quartier für eine Nacht und außerdem ein Weizenbrot.

Im Weserschlick am Martini-Ufer wurden in der Vergangenheit zahlreiche Pilgerzeichen gefunden, kleine Ansteckfigürchen aus Zinn, von den Pilgern zur Kennzeichnung ihres Unternehmens am Hut oder an der Kleidung angesteckt getragen. Sie geben Kunde davon, welche Bedeutung Bremen im Mittelalter als Pilgerstation zukam.

Die Wandvitrine mit den Kunstobjekten der St. Jacobi-Brüderschaft weist in ihrem linken Teil einige Gegenstände einer anderen wichtigen

Foto der ersten Seite des Diakonenalbums. Eine wichtige Rolle in der Verwaltung des Dombesitzes und seiner sozialen Einrichtungen kommt der 1638 gegründeten Diakonie zu. Zusätzlich zu den großen Holztafeln, auf denen die Wappen und Namen der jeweils neu gewählten Diakone festgehalten wurden, hatte man 1854 die Gepflogenheit eingeführt, mit Hilfe der damals hochmodernen Phototechnik auch ein Porträt des jeweiligen neuen Diakons in ein extra angelegtes Album zu kleben. In neuerer Zeit wird neben dem Porträt auch das Familienwappen des jeweiligen Diakons in Fotoalben gesammelt

Name Aug. H. faber
Geboren 4 Jan 1825
Gewählt 4 Decbr 1854.
Name Bernh Heye
Geboren 17 März 1825
Gewählt 13 febr 1855.
Name Fredr Toel
Geboren 31 Octbr 1824.
Gewählt 11 Decbr 1855.
Name Chr Schmidt
Geboren 22 Mai 1824
Gewählt 11 Decbr 1855

Die Bombenschäden im Gewölbe des Domnordschiffs, die zur Zerstörung eines Epitaphs und Beschädigung der damaligen Bachorgel führten, wurden in den Jahren 1948–1950 beseitigt

Einrichtung auf, der St. Petri Domdiakonie. Dieses Laienkollegium besteht in ununterbrochener Folge seit 1638 bis auf den heutigen Tag. Die Zahl der Mitglieder hat sich inzwischen von ursprünglich vier auf 24 Diakone erhöht. In einer Amtszeit von zwölf Jahren übernehmen die Diakone wichtige Verwaltungen und Funktionen innerhalb der Domgemeinde ehrenamtlich, z.B. Vorstandsämter in Stiftungen, die Herausgabe der Domnachrichten, die Betreuung der Dom-Musik und vieles mehr. Die Schaffung des Diakonenamtes geht auf eine Anregung Martin Luthers für die Einrichtung und Verwaltung eines »Gemeinen Kastens« zurück, in den der Inhalt der Opferstöcke, Einkünfte aus Grundbesitz und Stiftungsgelder fließen sollten. Die Verwaltung dieses »Gotteskastens« sollte redlichen Männern aus der Gemeinde übertragen werden. Luther nannte sie Almosenpfleger, in freier Übersetzung des griechischen Wortes »diaconoi« (= Diener). Die Diakonen des St. Petri Doms waren in den Jahren, als der Dom noch unter fremder Landeshoheit stand, der eigentliche Vorstand dieser Gemeinde.

Mit der Gründung des Diakonenkollegiums begannen die Diakonen damit, Namen, Wappen und Jahreszahl ihrer Ernennung auf großen gemalten Bildtafeln festzuhalten. Diese Sitte wurde bis 1948 beibehalten. Seitdem werden die Namen der Diakonen jahrgangsmäßig auf Tafeln nach altem Vorbild erfasst.

1951 und 1962 wurden die für Kriegszwecke eingezogenen Domglocken durch neue ersetzt. Der Glockenguss bei der Gießerei Otto in Hemelingen – hier im Bild der so genannte »Anstich« – war ein Ereignis, das Groß und Klein interessierte

Am Ende des 17. Jahrhunderts trat die Domdiakonie mit der Gründung des St. Petri Waisenhauses hervor. In einer Zeit, in der die Heilsbedeutung des Bekenntnisses eine große Rolle spielte, kam der Gedanke auf, neben den beiden bestehenden reformierten Waisenhäusern ein eigenes lutherisches Waisenhaus zu gründen. Die Diakonie bat die schwedische Regierung um Überlassung eines unbewohnten Wohnhauses eines Domherrn (Domkurie) und um Naturaleinkünfte zum Unterhalt des Waisenhauses. Der schwedische König Karl XI., zu dessen Königreich das Herzogtum Bremen-Verden mit dem St. Petri Dom seit dem Ende des Dreißgjährigen Krieges (1618–1648) gehörte, nahm die Bitte gnädig auf und gründete in Bremen eine Stiftung für lutherische Waisen. Am 10. November 1692 – an Luthers Geburtstag – wurde das St. Petri Waisenhaus am Domshof (in der Nähe der heutigen Seemannstraße) mit 13 Kindern feierlich eröffnet. Zwei Diakone wirkten als Verwalter.

Im Laufe der Zeit wuchs die Zahl der aufgenommenen Kinder stark an, so dass das alte Waisenhaus zu klein wurde. 1783 schenkte König Georg III. von Großbritannien und Kurfürst von Hannover, in dessen Verwaltung in jener Zeit der Dom mit seinen Besitzungen stand, der Stiftung das Grundstück an der Ecke Domshof/Sandstraße (heute Bremer Bank) als Bauplatz für ein neues Waisenhaus. Das stattliche klassizistische Gebäude des neuen Waisenhauses wurde 1785 bezogen und erfüllte 116

Silberne Blumenschale der St. Petri Domdiakonie, 1905

Jahre seinen Zweck. Da auf diesen Gelände allerdings nicht genügend Spiel- und Turnplätze zur Verfügung standen, entschloss sich die Diakonie 1899 zum Neubau des St. Petri Waisenhauses auf einem fünf Morgen großen Gelände an der Hamburger (heute Stader) Straße. 1901 wurde das neue Haus mit 150 Waisenkindern bezogen. Aufgenommen wurden die Kinder jeweils im Alter zwischen acht und zehn Jahren, mit 14 Jahren, nach der Konfirmation, wurden sie entlassen.

Als nach dem Ersten Weltkrieg das Stiftungsvermögen auf den Bruchteil seines Nennwertes zusammengeschmolzen war, vermietete die Diakonie das Gebäude Hamburger Straße an den Staat und errichtete an der Ecke Osterholzer Dorfstraße (heute Sudwalder Straße) ein neues Heim. 1921 wurde dort mit zwölf Kindern neu begonnen. Die Verwaltung des St. Petri Kinderheims liegt bis zum heutigen Tag in den Händen der Domdiakonie.

Eine historische Abschrift der Gründungsvorgeschichte des Waisenhauses in Buchform gehört zu den Ausstellungsstücken aus dem Besitz der Domdiakonie ebenso wie die daneben aufgestellte prächtige Silberschale, die bei festlichen Zusammenkünften der Diakonen, mit Blumen geschmückt, eine ansehnliche Tischdekoration bildet. Selbstverständlich gehört, wie bei allen entsprechenden Zusammenschlüssen von ehrenamtlich Tätigen, ein gewisses geselliges Leben der Mitglieder zu den Annehmlichkeiten dieser oft sehr zeitraubenden und verantwortungsvollen Tätigkeit. So ist es zu verstehen, dass die immer wieder im Dienste des Ehrenamtes erforderlichen Zusammenkünfte gelegentlich auch von festlichen Abendgesellschaften abgelöst werden.

Allerdings hatten diese Geselligkeiten durch den Ehrgeiz mancher Mitglieder, sich gegenseitig in der Bewirtung zu überflügeln, im Laufe des 19. Jahrhunderts wohl ziemlich strapaziöse Formen angenommen, was die Speisenfolge betraf. Man rief zur Mäßigung auf und erließ gewisse Richtlinien, die allerdings - aus heutiger Sicht betrachtet - immer noch auf ziemlich opulente Mahlzeiten schließen ließen. Erlaubt waren von nun an »ein Vorgericht, wenn möglich Fisch, zwei Braten, worunter ein Kalbsbraten empfohlen wird, Gemüse, wie es die Jahreszeit zulässt, ein Nachtisch bestehend aus Brot, Butter, Käse, Ochsenzungen und dergl., nebst einheimischem Obst. Getränke waren Kaffee, Tee, Porter und weißer Wein, auch Portwein war erlaubt. Ausgeschlossen als bürgerlich unsittlich waren Pasteten, Fasanen, geräucherter Lachs, Austern, alle Arten Gelees, auch ausländische eingesetzte Früchte, Kuchen, Torten und dergl., ferner alle Sorten feiner Weine, Madeira, Tokaier, Capwein, Rheinwein«.[19] Betrachtet

19 Kurd Schulz, Die Diakonie der St. Petri Domkirche zu Bremen, Bremen 1963, S. 20/21.

Pastor Abramzik an der Spitze seiner Konfirmandinnen. Von 1958 bis 1991 wirkte Pastor Günter Abramzik (1926–1992) als Domprediger, seit 1977 als Primarius. Mit großem Engagement gelang es ihm, weite Kreise der Bevölkerung für die Kirche und den Dom zu interessieren, wobei er sich auch ganz bewusst politisch zu Wort meldete. Wenn in jenen Jahrzehnten vom Dom die Rede war, so fiel häufig automatisch der Name Abramzik, der Dom und Abramzik waren in den Augen vieler Bremer eins

man die »verbotenen Früchte« genauer, so sind es wahrscheinlich gerade diese schwer zu beschaffenden fremdländischen Genüsse, die seinerzeit den Reiz, aber auch die nicht tolerierbare finanzielle Belastung bei der Bewirtung ausmachten. Heutigentags bestechen die Gesellschaften eher durch geistvolle Ansprachen als durch geistige Getränke.

Der Schrein der Heiligen Cosmas und Damian (vgl. S. 30)

Auch wenn an den Schrein der Heiligen Cosmas und Damian heute im Museum nur noch eine Bildtafel erinnert, soll der einstmals kostbarste Schatz im mittelalterlichen Bremer Dom hier doch gewürdigt werden. Die Wiederentdeckung der Reliquien der beiden Arztheiligen Cosmas und Damian im Jahre 1334 bot bald darauf Anlass zu einem großen Volksfest, dessen Ablauf mit Hilfe einer Stadtchronik aus der Zeit um 1580 nachgezeichnet werden kann: Nach der Auffindung der Reliquien vereinbarte Erzbischof Burchard mit dem Domkapitel, dass er die Reliquien der beiden Heiligen zu Pfingsten des darauf folgenden Jahres aus ihrem gegenwärtigen Verwahrungsort herausnehmen und öffentlich präsentieren wolle. Dies ließ er im ganzen Land verkünden und bat gleichzeitig zu einem großen Fest, bei dem alle seine Bischöfe, Edlen, Prälaten und Untergebenen anwesend sein sollten. Es gab, wie die Chronik berichtet, eine große Schmauserei, bei der auch der Rat der Stadt Bremen mit vielen Bürgern, Frauen und Jungfrauen von ›buten und binnen‹ dabei war. Es herrschte eine ausgelassene Stimmung, so dass auch zum Tanz aufgespielt wurde. Der Bischof hielt Hof vor seinem Bischofspalais auf dem Domshof. Am Pfingstmontag schließlich, nachdem der Erzbischof mit seinen Bischöfen, Äbten und den Domherren das Heiligtum aufgenommen hatte, die Messe vorüber war und man zu Tisch gehen wollte, schlug er vor seinem Palais Gott zum Lobe und dem Fest zu Ehren zwölf seiner besten Männer zu Rittern. Auch die Bremer Bürger trugen zur Feststimmung bei, indem sie bei einer Spendenaktion Bürgermeister Hinrich Doneldey, der sich in ein großes Fass gestellt hatte, mit ihrem Geld, Geschmeide, Kleinodien, Gold und Silber aus diesem Fass »herausopferten«.

Um dieses »Festopfer« gab es anschließend allerdings noch eine Auseinandersetzung. Als nämlich die Pfingsttage mit dem ganzen Trubel vorüber waren, wurde dem Erzbischof klar, wie viel ihn dieses Fest gekostet hatte, und er warf begehrliche Blicke auf dieses Spendenfass. Nach längerem Hin und Herr einigten sich Domkapitel, Bürgermeister und Erzbischof schließlich auf eine Zahlung von immerhin 300 Mark an den Bischof. Für den Rest der Spenden ließ Bürgermeister Doneldey die beiden letzten Stockwerke der Domtürme errichten und die schöne gro-

Im St. Petri Dom als größtem bremischen Gotteshaus finden häufig festliche Veranstaltungen und Jubiläen statt, so auch 1968, als das 100-jährige Bestehen der Gröpelinger Diakonissenanstalt gefeiert wurde

Friedrich Schumacher (1903–1993) arbeitete seit 1965 als (vorerst letzter) Dombaumeister für die Domgemeinde, zunächst bei der Erbauung der Domkapelle am Osterdeich, dann beim Einbau des großen Rundfensters im nördlichen Querschiff und von 1972 bis 1981 als verantwortlicher Architekt bei der Domrestaurierung

ße Glocke »Susanna« gießen. (Sie ist inzwischen leider nicht mehr vorhanden.)

Im Anschluss an diese Ereignisse setzte ein starker Anstieg der Verehrung der beiden Heiligen ein, der zweifellos während der furchtbaren Pestepidemie im Jahre 1350 einen Höhepunkt erreichte. 1379 wurde den beiden Heiligen im Dom ein Altar geweiht, dessen Altarbild wir möglicherweise in dem Relief der heiligen Cosmas und Damian vor uns haben, das im Untergeschoss des Dom-Museums ausgestellt ist.

Den abschließenden Höhepunkt in der Verehrung der beiden Heiligen bildete aber die Schaffung eines Heiligenschreins. Offenbar war es dem Domkapitel ein Anliegen, die Gebeine der Heiligen in einem besonders kunstvollen Gehäuse zu bewahren. In Johann Hemeling besaß die Domgeistlichkeit den richtigen Organisator für ein solches Unternehmen. Hemeling, damals Ratsherr und Dombaumeister, also der für den Dom in all seinen Bereichen Verantwortliche, hatte schon 1395 für ein großes publikumswirksames Ereignis gesorgt, die so genannte Heiltumsweisung. Hierbei wurden nach einem Festgottesdienst im Dom am St. Peters Tag (29.6.) und anschließender Prozession den vor dem Dom versammelten Gläubigen von einem gedeckten Laubengang über dem Domeingang sämtliche Heiligenreliquien präsentiert, die der Dom seinerzeit besaß. Dazu gehörten natürlich auch die Reliquien der beiden heiligen Ärzte. Dombaumeister Hemeling hat dieses Geschehen später in einem ausführlichen Rechenschaftsbericht festgehalten[20]: »Als Erstes mögt ihr sehen die beiden Häupter der heiligen Märtyrer Cosmas und Damian, deren ganze Körper hier beide sind, die da aufgefunden wurden von Bischof Burchard, dem ehrbaren Vater in Gott, die aus fernen Ländern gekommen sind, nämlich von Arabien, da Gott für sie vorgesehen hatte, dass ihre heiligen Gebeine in dieser heiligen Kirche zu Bremen ruhen. Und sie waren geistliche Ärzte, denn sie machten gesund durch die Macht unseres Herrn redliche und unredliche Kreaturen und haben große Zeichen [= Votivgaben] in der Kirche zu Bremen. Deshalb mögt ihr sie gerne anrufen mit der Innigkeit eures Herzens, dass sie Gott für euch bitten, dass wir gesund werden sowohl am Körper als auch im Geiste. Dann mögt ihr sehen, wie Gott seine Wunder zeigt an lieben

[20] Der mittelniederdeutsche Text wurde ins Hochdeutsche übertragen.

Freunden nach Worten des Propheten: Mirabilis deus in sanctis suis. Gott wirkt Wunder in seinen Heiligen.«

Während der Amtszeit des Dombauherrn Johann Hemeling wurde um etwa 1400 mit der Anfertigung eines vergoldeten Schreins für die beiden Heiligen begonnen. Die Finanzierung dieses kostspieligen Werkes erfolgte u.a. durch den Verkauf von Ablassbriefen. Der Schrein besteht aus einem hausförmigen Kern aus Eichenholz, der mit vergoldetem Silberblech beschlagen ist. Sämtliche Wand- und Dachflächen sind mit figürlichen Darstellungen geschmückt. Die Figuren stellen wahrscheinlich diejenigen Heiligen dar, die in jener Zeit am Bremer Dom Verehrung fanden; nicht alle konnten bisher identifiziert werden. An den jeweiligen Schmalseiten sind die beiden Hauptheiligen mit ihren Salbendosen zu sehen; darüber jeweils ein Engel. An den Innenseiten der Türen sind zwei Begebenheiten aus der Legende von Cosmas und Damian dargestellt. Die linke Seite illustriert die Heilungsgeschichte eines Bauern, dem im Schlaf eine Schlange in den Mund kroch. Auf der rechten Seite wird - wie auf dem Relief im Museumsuntergeschoss - ein Mann abgebildet, dessen krankes Bein amputiert und durch das Bein eines kürzlich Verstorbenen ersetzt wird.

Ein genaues Fertigstellungsdatum des Cosmas- und Damian-Schreins ist nicht überliefert; es dürfte nach 1420 liegen. Ebenso wie die genaue Entstehungszeit liegt auch die Persönlichkeit des Kunsthandwerkers im Dunkeln, der ihn anfertigte. Da aber in Bremen wohl schon seit dem 13. Jahrhundert Silberschmiede tätigt waren und eine ausdrückliche Bestätigung des Bremer Goldschmiedeamtes aus dem Jahre 1392 vorliegt, ist zu vermuten, dass der Schrein in Bremen gefertigt wurde. Etwa 230 Jahre gehörte er zu den hochverehrten Kostbarkeiten der Bremer Kirche. Sein genauer Aufstellungsplatz im St. Petri Dom ist nicht überliefert, da der Ort des Cosmas- und Damian-Altars auch nur vermutet werden kann (Südwand des Ostchors). Nachdem am Ende des Dreißigjährigen Krieges das Erzbistum Bremen aufgelöst worden war, wurde der Schrein 1648/1649 vom Domkapitel an Kurfürst Maximilian von Bayern verkauft und 1649 in der St. Michaelskirche in München aufgestellt, wo er sich auch heute noch befindet.

Die Grabplatte von Dompropst Rode und die Grabtextilien aus Grab 7

Ein weiteres Beispiel für die großartigen Fähigkeiten des mittelalterlichen Kunsthandwerks ist eine Messinggrabplatte für einen Geistlichen, die im angrenzenden kleinen Raum an der Wand angebracht ist. Sie zeigt den Toten mit seiner geistlichen Gewandung auf dem Totenbett, den Eucharistiekelch vor sich auf der Brust. Diese Grabplatte war ursprünglich im Mittelschiff des Doms unweit der Orgelempore waagerecht liegend eingelassen. Bereits Ende des 19. Jahrhunderts wurde sie aus dem Dom entfernt und fand als Schmuckplatte an einem Tresor in der Domsakristei Verwendung; 1987 gelangte sie, für Ausstellungszwecke auf eine Holzplatte montiert, ins Dom-Museum.

Wie das Wappen, der geflügelte Helm, erkennen lässt, barg dieses Grab einst die sterblichen Überreste eines Angehörigen der Bremer Familie Rode. Da der auf der Platte dargestellte Geistliche ohne Mitra und Stab wiedergegeben ist, kann es sich nicht um den Erzbischof Johann Rode, sondern nur um den gleichnamigen Dompropst handeln, der 1477 starb. Das Grab des Dompropstes ist möglicherweise mit Grab 11 der amtlichen Grabung identisch, dessen Funde im Textilienraum I (Altbau) ausgestellt sind.

Als Dompropst - das Wort kommt von lateinisch praepositus = Vorsteher - kam Johann Rode sen. eine entscheidende Rolle zu: Er war der Vorsitzende des gesamten Domherrenkollegiums, zu seiner Zeit also wohl 24 Domherren. Dieses Amt hatte er seit 1460 inne. Vorher hatte er - an welcher Universität, ist nicht bekannt - die Rechte studiert und vorzügliche Kenntnis insbesondere im Kirchenrecht erworben. 1463 wollte das Domkapitel ihn eigentlich zum Nachfolger des Erzbischofs Gerhard III. von Hoya wählen, doch er zog eine wissenschaftliche Laufbahn vor und wirkte ab 1468 als Professor und seit 1470 sogar als Rektor der Universität Erfurt. Außerdem wurde er zum Protonotar (Prälat) an der päpstlichen Kurie ernannt. Da er offenbar recht vermögend war, konnte er sich ein aufwendiges Grabdenkmal leisten. Die erhaltene Messingplatte stellt nur den mittleren Teil der einstigen Grabplatte dar; zu ergänzen wäre die (vermutlich aus Schiefer bestehende) große Tafel, auf welche die Messingplatte vermittels Schrauben aufmontiert war. Sicherlich gab es einst auch eine Inschrift, die sich allerdings nicht erhalten hat.

Grabplatte von Dompropst Johann Rode, 1477

An dieser Messinggrabplatte lässt sich der komplizierte Aufbau der geistlichen Gewandung sehr gut ablesen. Über den Untergewändern trug der mittelalterliche Geistliche die Albe, ein weißes Leinengewand, dessen unterer Teil häufig mit einem aufgenähten (applizierten) Seidenstück verziert war. Die Albe von Dompropst Rode ist als langes Gewand gut zu erkennen; wie schon erwähnt, weist sie als Verzierung das Wappen der Rodes, den geflügelten Helm, auf. Von den übrigen Gewändern des mittelalterlichen Geistlichen, der Tunika und der Dalmatik, ist hier nichts zu sehen, da sie vom Obergewand, der Glockenkasel, überdeckt werden.

Die Kasel, ein glockenförmiger Umhang ohne Ärmelausschnitte, musste beim Tragen mit den Armen hochgerafft werden. Zur mittelalterlichen Kasel gehörte in der Regel auch das so genannte Kaselkreuz, ein in Form eines Astkreuzes über Schultern, Brust und Rücken angebrachter Zierstreifen. An der Messingplatte von Dompropst Rode wird die Verzierung dieses Streifens durch aufgestickte Apostelfiguren erkennbar. An der linken Schulter ist der Apostel Petrus (mit Schlüssel), rechts der Apostel

Paulus (mit Schwert) zu sehen. Weitere Apostelfiguren sind auf den beiden anderen liturgischen Gewandteilen, der Stola und dem Manipel, angebracht. Diese etwa zehn Zentimeter breiten, bestickten Seidenstreifen werden unter der Kasel sichtbar.

Im benachbarten Textilienraum II, der wegen der Empfindlichkeit der Exponate ebenfalls abgedunkelt werden muss, befinden sich außer den Depotschubladen zwei Vitrinen mit Fundobjekten, die ausschließlich aus Grab 7 stammen. Wie bei allen anderen Gräbern konnte auch hier die Identität des Bestatteten noch nicht eindeutig geklärt werden. Es spricht allerdings manches dafür, dass es sich bei dem Toten um Erzbischof Gerhard III. handelt, der 1463 starb.

Ausgestellt sind drei große geistliche Gewänder, die mit Tunika, Dalmatik und Kasel bezeichnet werden. Während Tunika und Kasel durch ihre Schlichtheit beeindrucken, gibt die Dalmatik Anlass, wieder einmal über die verschlungenen Herkunftswege der Bremer Textilien nachzusinnen. Ihr wunderbares Muster aus Pflanzenornamenten ist im Bereich oberhalb des Saums durch einen andersartigen Besatz unterbrochen, mit dem es eine besondere Bewandtnis hat. Die dort eingewebten arabischen Schriftzeichen konnten inzwischen ebenfalls gedeutet werden; sie ergeben die Worte »Der großmächtige Sultan«.

Allerdings sind diese Schriftzeichen um 180 Grad gedreht aufgenäht, so dass höchstens der Träger selber von oben die Inschrift lesen konnte, nicht aber der Betrachter dieses Gewands. Nun ist natürlich kaum anzunehmen, dass der Bremer Erzbischof, der diese Dalmatik einst sein Eigen nannte, überhaupt etwas von der Bedeutung dieser Inschrift ahnte, geschweige denn sie lesen konnte. Interessant ist aber in diesem Zusammenhang, dass diese Inschrift möglicherweise auch im Herkunftsland der Dalmatik von den Schneidern nicht mehr entziffert werden konnte, denn sonst hätte man sie wohl kaum für das Gewand eines christlichen Bischofs vorgesehen. Möglich ist natürlich auch, dass dieses Stoffteil erst in Bremen eingenäht wurde, sozusagen als kostbarer Seidenflicken, als der Originalstoff im Bereich oberhalb des Saums vom vielen Niederknien durchgescheuert war.

Nach den Untersuchungen des Stoffmusters ist die Dalmatik im 13. Jahrhundert in Spanien angefertigt worden, also in einem Land, das in jener Zeit unter maurischem Einfluss stand. Wie dieses Stück nach Bremen gelangte, lässt sich nicht genau nachvollziehen. So könnte es z.B. sein, dass diese Dalmatik auf dem Handelswege von Spanien nach Bremen kam, denn dass Bremen durch die Pilgerreisen nach Santiago de Compostela schon früh Handelsbeziehungen nach Spanien anknüpfte, ist bekannt. Für Kontakte nach Spanien sprechen auch die Korksohlen, die man als kälteisolierende Einlage in den Pontifikalschuhen dieses Bischofs fand. Genauso gut kann die Dalmatik aber auch als ein Geschenk an den Bremer Bischofsstuhl gelangt sein, auf welchem Wege, wird aber wohl ungeklärt bleiben müssen.

Die arabische Inschrift auf dem eckigen Besatz der Dalmatik ist übrigens nicht die einzige aus dem islamischen Kulturkreis bei diesen Grabtextilien. Gleich links daneben sind zwei Albenbesätze ausgestellt, die ebenfalls eine arabische Inschrift aufweisen. Die rechteckigen Stücke bestehen aus heute braungelber, einstmals vermutlich roter Seide; das obere zeigt ein Muster aus Doppeladlern, Gazellen, Falken und Palmetten. Über den Flügeln der Doppeladler zieht sich wiederum ein arabisches Schriftband entlang mit den Worten »Der Erfolg steht bei Gott«. Auch für diese beiden Teile wird als Herkunftsland Spanien angenommen.

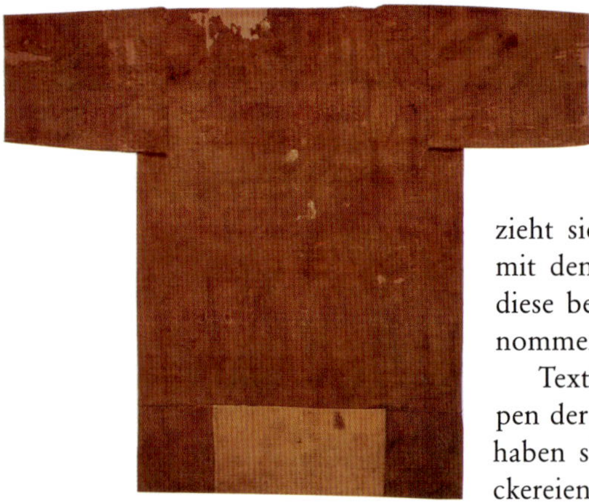

Bischofsgewand (Dalmatik) aus Grab 7, vermutlich 13. Jahrhundert

Textilkundlich interessant sind auch die beiden Stulpen der Pontifikalhandschuhe. Von diesen Handschuhen haben sich im Grab nur die aus Seide bestehenden Stickereien auf dem Handrücken und die Stulpen erhalten, während die aus feiner Wolle gestrickten Handschuhe selber vergangen sind. Die Stickereien waren auf beiden Seiten der Stulpen angebracht, zu sehen sind jetzt in der Ausstellung die jeweils besser erhaltenen Seiten. Zu erkennen sind auf der linken Stulpe die Geburt Christi mit Maria und dem Christuskind unter einer karierten Decke im Bett, Ochs und Esel im Hintergrund, auf der rechten Stulpe die Himmelfahrt Christi (besonders gut erkennbar die als Spur auf dem Boden zurückbleibenden Füße Christi), rechts und links einige Personen mit Heiligenschein.

Zu den nichttextilen Beigaben dieses Grabes gehören der hölzerne Bischofsstab (hier nur im Foto, Original z.Zt. im Focke-Museum), zwei bronzene Gürtelschnallen und - zum Erstaunen der Archäologen - auch ein 23 cm langes Messer mit eiserner Klinge und hölzernem Heft. Letzteres ist wegen seines nicht besonders guten Erhaltungszustandes ebenso magaziniert wie die Reste eines (Zinn?-)Kelches und der Patene. Dass ein Geistlicher in jener Zeit offenbar stets ein Messer - in manchen Publikationen auch »Dolch« genannt - bei sich trug, mag verwundern, doch bildet dieses Grab keine Ausnahme. Auch in der Westkrypta wurde schon 1930 ein Grab mit einem beigegebenen Messer entdeckt. Es ist wohl kaum anzunehmen, dass dieses Messer Verteidigungszwecken diente, denn der Erzbischof dürfte genügend Untertanen in seiner Umgebung gehabt haben, die in Gefahrensituationen als Wächter fungierten; wahrscheinlich gehörte solch ein Messer in der betreffenden Zeit einfach zur Grundausstattung des Mannes, die ihm auch mit ins Grab gegeben wurde.

Eine größere wissenschaftliche Untersuchung sämtlicher aufgefundener Textilteile aus den Bremer Gräbern ist z.Zt. in Stockholm in Arbeit.

Der Rundgang zu einigen herausragenden Kunstgegenständen des Bremer Dom-Museums hat Ihnen einen Einblick in die kirchen- und kunstgeschichtliche Entwicklung des einstigen Erzbistums Bremen vermittelt. Hierbei sind einige Objekte unerwähnt geblieben, die aber dennoch Ihre Beachtung verdienen, so die spätmittelalterlichen Münzen, die Faksimiles von mittelalterlichen Siegeln und Urkunden, die übrigen schönen Silbergeräte für den Altargebrauch, einige historische Bücher aus der Dombibliothek, mehrere Gemälde des 16./17. Jahrhunderts und Schnitzfiguren des frühen 15. und 19. Jahrhunderts. Sie können auch diese Relikte aus dem einstigen großen Kunstdenkmälerbestand des Bremer Doms bei einem Besuch im Dom-Museum kennen lernen.

Katalog einer Auswahl von Kunstobjekten aus dem Bremer Dom-Museum

Der folgende Katalog dokumentiert die wichtigsten Kunstobjekte aus dem Dom-Museum mit Ausnahme von Magazinbeständen. Der Katalog enthält neben einer Beschreibung des jeweiligen Objekts Hinweise - soweit bekannt - u.a. zu Maßen, Technik, Künstler, Entstehungszeit sowie Fundort. Ferner wird auf neuere Literatur verwiesen. Der Katalog ist chronologisch nach der Entstehungszeit der beschriebenen Objekte geordnet.

Dagulf-Psalter, 8. Jahrhundert (Nachbildung, vgl. S. 48f.)

Ein Psalter (oder auch Psalmbuch) enthält die Texte der alttestamentlichen Psalmen, z.B. den allgemein bekannten Psalm 23 »Der Herr ist mein Hirte«, sowie die entsprechenden Wechselgesänge zur feierlichen Rezitation im kirchlichen Stundengebet. Der (hier als Nachbildung) vorliegende »Dagulf-Psalter« ist ein mittelalterlicher Codex. So werden als Bücher gebundene Werke des Mittelalters genannt, die vor der Erfindung des Buchdrucks (um 1450) mit der Hand von einer Vorlage abgeschrieben wurden. Der Dagulf-Psalter wurde nach seinem in einer Widmung erwähnten Schreiber Dagulf so benannt und entstand um das Jahr 790 an der Hofschule des damaligen deutschen Königs und späteren Kaisers Karl der Große in Aachen. Die Bezeichnung »Goldener Psalter« rührt von der angewendeten Schreibtechnik her: Das Werk wurde von einer anderen Vorlage in goldenen Buchstaben auf Pergament abgeschrieben. Bevor ab dem 14. Jahrhundert Papier als Schreibunterlage sich durchsetzte, verwendete man Pergament, ein aus ungegerbten Tierfellen hergestelltes, sehr haltbares Schreibmaterial.

Aus dem vorangestellten Widmungsgedicht geht hervor, dass diese Handschrift als ein Geschenk Karls des Großen an Papst Hadrian I. (772–795 im Amt) nach Rom gehen sollte. Durch den plötzlichen Tod des Papstes (25. Dezember 795) kam es nicht mehr zur Übergabe; die Handschrift verblieb am Hofe Karls des Großen. Ihr weiteres Schicksal ist nicht genau geklärt. Offenbar gelangte sie erst im 11. Jahrhundert als ein Geschenk des damaligen Königs und späteren Kaisers Heinrich IV. nach Bremen an den St. Petri Dom. Dort verblieb der Psalter bis zur Auflösung des Erzbistums nach dem Westfälischen Frieden 1648. Er gelangte bald danach in den Besitz Kaiser Leopolds I. in Wien und ist noch heute Bestandteil der dortigen Nationalbibliothek. Zu diesem Zeitpunkt muss der mit geschnitzten Elfenbeintafeln verzierte Bucheinband schon entfernt gewesen sein, denn er gelangte nicht mit nach Wien. Die beiden Elfenbeintafeln befinden sich heute im Louvre in Paris. Ihre frühere Einfassung, vermutlich ein auf Holz montierter silberner oder vergoldeter Metallrahmen mit weiteren Dekorationen, ist nicht mehr vorhanden.

Das Dom-Museum zeigt ein Faksimile des Buches.

Technische Daten zum Original-Codex

Herkunft	–
Fundort	–
Künstler	Schreiber Dagulf
Meisterzeichen	–
Kurzbeschreibung	mittelalterlicher Codex mit farbig gestalteten Seiten

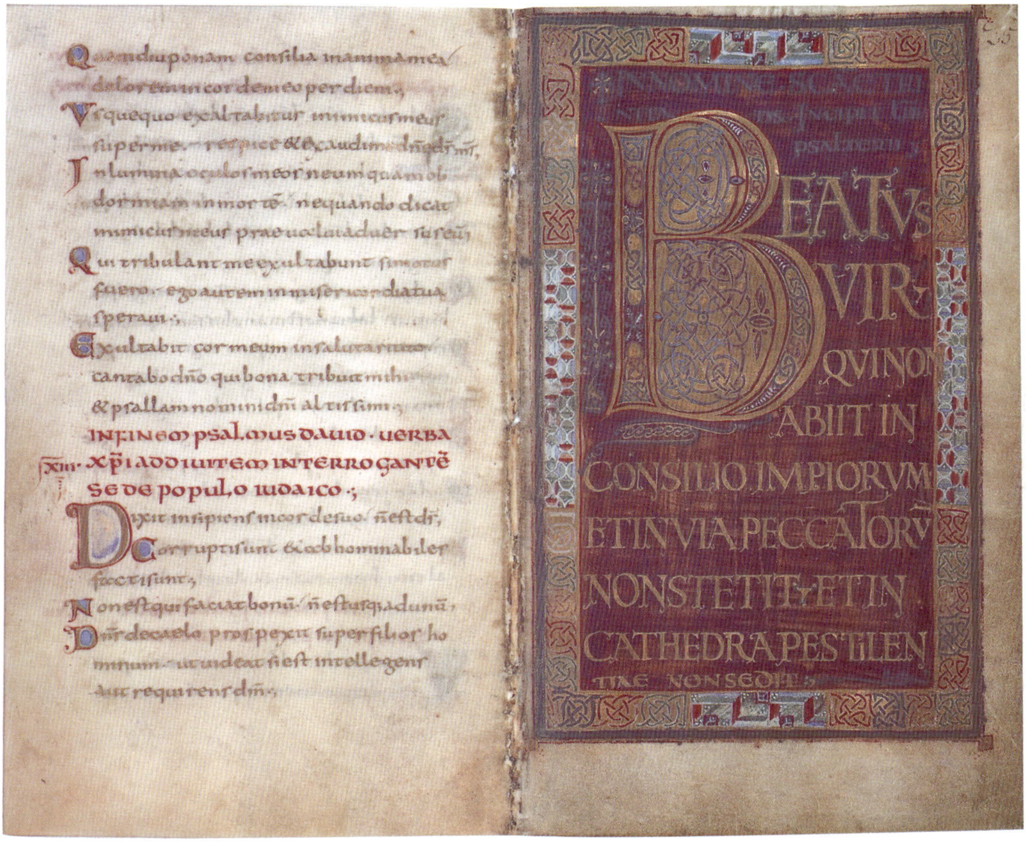
BEATVS
VIR
QVI NON
ABIIT IN
CONSILIO IMPIORVM
ET IN VIA PECCATORV
NON STETIT ET IN
CATHEDRA PESTILEN
TIAE NON SEDIT

Inschrift	–
Erhaltungszustand	gut
Entstehungsort	vermutlich Aachen, Hofschule
Entstehungszeit	um 790
Material	Pergament
Technik	Zierseiten: mit Goldtusche auf purpurgefärbten Pergamentblättern beschrieben; einfache Textseiten mit Zierleisten
Maße	H. 19,2 cm, B. 12 cm[1]
früherer Standort	Bremen, St. Petri Dom, Schatzkammer
jetziger Standort	Wien, Nationalbibliothek, Cod. 1861

Technische Daten zum früheren Einband

Herkunft	–
Fundort	–
Künstler	unbekannt
Meisterzeichen	–
Kurzbeschreibung	geschnitzte Elfenbeintäfelchen mit vier verschiedenen Darstellungen: Vorderseite oben: David erwählt die Psalmendichter. Vorderseite unten: David spielt zum Psalmengesang eines Chors auf der Harfe. Rückseite oben: Ein Geistlicher überreicht dem Kirchenvater Hieronymus die Bitte des Papstes um eine Bearbeitung der Psalmen. Rückseiten unten: Hieronymus diktiert den redigierten Text.
Inschrift	–
Erhaltungszustand	gut
Entstehungsort	vermutlich Aachen, Hofschule
Entstehungszeit	um 790
Material	Elfenbein
Technik	geschnitzt
Maße	H. 16,8 cm, B. 8,1 cm
früherer Standort	Bremen, St. Petri Dom, Schatzkammer
jetziger Standort	Paris, Louvre, Départements des Objets d'Art, Inv. 9/10
Inv.-Nr.	496

[1] H. = Höhe, B. = Breite, im Folgenden g = Gramm.

Literatur

Adam von Bremen, Gesta Hammaburgensis ecclesiae Pontificum. Quellen des 9. und 11. Jahrhunderts zur Geschichte der Hamburgischen Kirche und des Reiches. Darmstadt 1978, III, 45.

Katalog Focke-Museum, S. 139–143 (dort weitere Literaturangaben).

Ingrid Weibezahn, Schatzkammerverzeichnis des St. Petri Domes aus der Zeit um 1420. In: Feste und Bräuche in Bremen. Festschrift zum 100. Geburtstag des Focke-Museums. Jahrbuch 1999/2000 der Wittheit zu Bremen. Bremen 2000, S. 27.

Allgemein zu Karl dem Großen:

Dieter Hägermann, Karl der Große. Herrscher des Abendlandes. (Biographie) Berlin 2000.

Max Kerner, Karl der Große. Entschleierung eines Mythos. (Nachleben) Köln 2001.

Karolingischer Denar, 9. Jahrhundert (Nachbildung, vgl. S. 40)

Der Bremer Erzbischof Rimbert hatte von König Arnulf im Jahre 888 das Markt- und Münzrecht erhalten. Dieses wichtige Recht wurde in den folgenden Jahrhunderten von den deutschen Kaisern immer wieder erneuert. Bis in das 14. Jahrhundert war in Deutschland der Denar oder Pfennig die einzige geprägte Münze. Die erst nach Abschluss der Grabung im Museumsuntergeschoss beim Durchsieben des geborgenen Erdaushubs entdeckte Silbermünze stammt aus der Zeit Kaiser Ludwigs des Frommen (Regierungszeit 814 bis 840). Da die Fundstätte außerhalb des im 9. Jahrhundert überbauten Raums und nicht im Zusammenhang mit einer Begräbnisstätte lag, kann es sich nicht um eine Grabbeigabe handeln. (Die Sitte, dem Toten einen so genannten Totenpfennig ins Grab zu legen, war in jener Zeit noch vereinzelt üblich.) Vielmehr dürfte dieses Fundstück als Gebrauchsgegenstand gelten, der von seinem früheren Besitzer verloren worden war.

Die Erhaltung des Denars ist, abgesehen von einem dreiecksförmigen Ausbruch am Rande, erstaunlich gut. Die Münze zeigt auf der Vorderseite ein griechisches Kreuz mit der Umschrift »LVDOWICVS« und auf der Rückseite eine Gebäudefassade mit der Umschrift »XPISTIANA RELIGIO«.

Mit dieser Münze und dem ebenfalls entdeckten Schwertgurtbeschlag - zwei auf den ersten Blick unscheinbare Objekte - haben wir die ältesten Funde vor uns, die während der Domgrabung im Dombezirk gemacht wurden. Sie weisen in eine Zeit zurück, als Erzbischof Ansgar den Bremer Bischofsstuhl innehatte und einen erstmals dreischiffigen Dom weihte, lange, bevor der heutige in seinen Anfängen romanische Bau begonnen wurde. Die Domdüne mag damals noch ganz deutlich als eine sandige Erhöhung erkennbar gewesen sein, auf deren höchstem Punkt sich eine Kirche von etwa 35 bis 40 m Länge und etwa 20 m Breite erhob. Seitlich des Gebäudes in Richtung Süden mögen die Wohngebäude der Domgeistlichen gelegen haben, in deren Bezirk im weiteren Sinne wir uns am Fundort der beiden Objekte befinden.

Für den Verbleib dieser allerfrühesten archäologischen Funde wurde zwischen dem Landesarchäologen und dem Dom-Museum die sehr sinnvolle Vereinbarung getroffen: Jeder Partner erhielt ein Original und von dem zweiten Fundobjekt eine Kopie; auf diese Weise gelangten Schwertgurtbeschlag (im Original) und Denar (in Kopie) in den Besitz des Dom-Museums.

Technische Daten

Herkunft	–
Fundort	Dom-Museum, Erdgeschoss, archäologisch ergraben
Künstler	unbekannt
Meisterzeichen	–
Kurzbeschreibung	karolingische Münze
Inschrift	Vorderseite: ein griechisches Kreuz mit der Umschrift »LVDOWICVS« (Ludwig) Rückseite: eine Gebäudefassade mit der Umschrift »XPISTIANA RELIGIO« (christliche Religion)
Erhaltungszustand	abgesehen von dreiecksförmigem Ausbruch am Rande sehr gut
Entstehungsort	Münzstätte unbekannt
Entstehungszeit	9. Jahrhundert
Material	Silber
Technik	geprägte Münze
Maße	Durchmesser: 1,9 cm
Gewicht	1,07 g
früherer Standort	–
jetziger Standort	Original: Bremer Landesmuseum (Focke-Museum) Nachbildung des Denars: Dom-Museum, Wandvitrine Treppenhaus
Inv.-Nr.	521 (Nachbildung)

Literatur

Detlev Hölscher/Manfred Rech/Volker Zedelius, Funde der Karolingerzeit in Bremen. In: Bremer Archäologische Blätter, Neue Folge, Bremen 1991, S. 40–49 (mit ausführl. Literaturangaben).

Zum Totenpfennig: Handwörterbuch des deutschen Aberglaubens, Bd. III, Berlin 1930/31, Stichwort »Grabbeigaben«, Sp. 1097/98.

Zum karolingischen Schwergurtbeschlag:

Karl Heinz Brandt, Neue Ausgrabungen und Funde in der Freien Hansestadt Bremen. In: Bremisches Jahrbuch, Bd. 64, Bremen 1986, S. 258f.

Pontifikalschuhe mit Elefantenmuster, Grab 23, um 1000 (vgl. S. 55f.)

Das Grab 23 der amtlichen Grabung wurde im Juni 1975 etwas südlich der Mittelachse des Doms freigelegt. Im Rahmengrab mit Kopfnische lag das Skelett in gestreckter Rückenlage. Die Textilien waren bis auf die Mitra und die Schuhe nicht gut erhalten. Immerhin konnten die schwedischen Textilrestauratorinnen noch drei Palliumkreuze sowie Reste der Kasel, der Albe und von Stola und Manipel ermitteln.

Die aufgefundenen Pontifikalschuhe bestehen gänzlich aus Seide, auch die Sohlen. Sie wurden nur während eines Pontifikalamts getragen. Ihr kompliziertes Schnittmuster zeigt, dass sie aus einem Stück Stoff zusammenhängend herausgeschnitten wurden. Betrachtet man das Muster genauer - und dies ist an dem aufgetrennten Schuh besonders gut möglich -, so entdeckt man zwei Reihen von Perlstäben im Abstand von ca. 12 cm. Diese Perlstabreihen sind leicht gerundet und lassen erkennen, dass sie einst zu einem großen Doppelkreis gehörten. Dieser Perlstabdoppelkreis weist im Zentrum - am ausgebreiteten Stoffmuster durch die dreieckigen Einschnitte nicht mehr erkennbar - einen Elefanten auf. Dieses Muster ist in der Textilforschung sehr bekannt: Ein solcher »Elefantenstoff« ist auch im Grabe Karls des Großen vorhanden, das im Jahre 1000 von Kaiser Otto dem Großen neu ausgestattet wurde.

Für die Textilforschung von großer Bedeutung und zum gegenwärtigen Zeitpunkt noch nicht geklärt ist die Frage, ob der Bremer Stoff webtechnisch in direktem Zusammenhang mit dem Aachener Stoff steht, d.h. ob Bremer und Aachener Stoffe von demselben Stoffballen stammen oder ob eine Herkunft von zwei verschiedenen Stofflieferungen mit dem gleichen Muster anzunehmen ist. Einen wichtigen Hinweis auf die Herkunft des Bremer Stoffes gibt die eingewebte griechische Inschrift, dass er in der kaiserlichen Werkstatt in Byzanz gewebt wurde. Für die Klärung der Frage nach dem Zusammenhang mit dem Aachener Stoff wären, sollte sie überhaupt möglich sein, weitere sehr aufwendige Untersuchungen notwendig. Eine ausführliche Beschreibung und wissenschaftliche Einordnung der Bremer Textilien ist seit längerem in Stockholm in Arbeit.

Der zweite der beiden Seidenschuhe ist seit der Konservierung wieder zusammengefügt und mit Füllmaterial prall ausgestopft, damit er keine Fältchen wirft, denn dies würde den Bestand des Stoffes gefährden (Seide »bricht« an den Faltenkniffen). Ursprünglich wurden die Stoffschuhe aus Grab 23 nach dem Anziehen mit einer durch Ösen geführten Kordel um den Knöchel festgebunden. Die beiden anderen erhaltenen Paare von Pontifikalschuhen im Dom-Museum (aus Grab 7 und 19) weisen bei aller scheinbaren Ähnlichkeit unterschiedliche Herstellungsweisen auf.

Technische Daten

Herkunft	–
Fundort	St. Petri Dom, Bischofsgrablege, Grab 23
Künstler	–
Meisterzeichen	–
Kurzbeschreibung	zwei bischöfliche Schuhe aus kostbarem Stoff
Inschrift	–
Erhaltungszustand	bei Auffindung fragmentarisch, Konservierung und Ergänzungen in modernem Stoff
Entstehungsort	kaiserliche Werkstätten Byzanz
Entstehungszeit	um 1000
Material	Seide
Technik	Samit (eine köperartige Bindung)
Maße	H. 15 cm, L. 26 cm
früherer Standort	–
jetziger Standort	Dom-Museum, Textilienraum I
Inv.-Nr.	23/406 A, 23/406 B

Literatur

Ärkebiskoparna, S. 74/75.
Karl Heinz Brandt, 1988, S. 96f.
Die Sicherung und Konservierung des Karlsschreins. Leonie von Wilckens/Ulrike Reichert: Die Textilien. In: Der Schrein Karls des Großen. Hrsg. vom Domkapitel Aachen, Aachen 1998, S.114–119.
Max Kerner, Karl der Große, Aachen 2000, S. 97ff.
Margareta Nockert, Die Bremer Untersuchung (unveröffentlichtes Manuskript).

Frühromanische Säulenkapitelle (Abgüsse), 11./12. Jahrhundert (vgl. S. 28f.)

Zur Sonderausstellung »Kirche, Kaufmann, Kabeljau - 1000 Jahre Bremer Islandfahrt«, die im Frühjahr 2000 in Reykjavik (Island) und anschließend in der Bremer Bürgerschaft gezeigt wurde, konnten Nachbildungen zweier Säulenkapitelle aus der Ostkrypta in Auftrag gegeben werden; anschließend erhielten die beiden Kapitellkopien einen Platz im Erdgeschoss des Dom-Museums. Sie wurden auf Metallstelen montiert, die im Boden verankert sind.

Die Ostkrypta des Doms entstand nach dem Brand des Vorgängerbaus ab dem Jahre 1042; ein genaues Fertigstellungsdatum ist nicht bekannt, die Entstehungszeit dieses Gebäudeteils in der Kunstforschung umstritten. Während einige das Jahr 1049 als von Adam von Bremen überliefertes Weihedatum eines Marienaltars im Ostchor auch für den Fertigstellungszeitpunkt der darunter befindlichen Ostkrypta ansehen, ziehen andere dieses frühe Datum in Zweifel wegen eines neuerlichen Dombrandes im Jahre 1089. Deshalb kann als Entstehungszeit der beiden Schmuckkapitelle in der Ostkrypta nur die ungefähre Datierung 11./12. Jahrhundert erfolgen. Die ungewöhnlichen Schmuckformen der beiden Kapitelle weisen auf eine weit entfernte Kulturlandschaft, nach Island. Sie zeigen folgende Darstellungen als Relief:

Kapitell I

Westseite	Eine geflügelte Schlange und ein vierbeiniges Tier mit zottigem Fell und weit aufgesperrtem Rachen einander gegenüber.
Nordseite	Eine doppelköpfige Schlange umwindet eine von einem Kreis umgebene Blüte aus acht Blütenblättern.
Ostseite	Eine von einem Kreis umgebene achtblättrige Blüte wird seitlich von je einem lang gestielten elfblättrigen Eschenblatt eingerahmt.
Südseite	Eine achtblättrige, von einem Kreis umgebene Blüte wird auf der linken Seite von einer Spirale, auf der rechten Seite von einem Vogel begleitet.

Kapitell II

Westseite	Eine zehnblättrige, von einem Kreis umgebene Blüte wird rechts und links von gegenständigen Spiralen gerahmt, die mit einem tauartig gedrehten Wulst verbunden sind.
Nordseite	Eine elfblättrige, von einem Kreis umgebene Blüte wird rechts und links von gegenständigen Spiralen

	gerahmt, die mit einem einfachen unverzierten Wulst verbunden sind.
Ostseite	Eine zehnblättrige, von einem Kreis umgebene Blüte wird rechts und links von gegenständigen Spiralen gerahmt; in den Zwischenräumen vier einzelne löffelartige Blütenblätter.
Südseite	Eine zehnblättrige, von einem Kreis umgebene Blüte wird links von einer Spirale, rechts von einer Maske gerahmt; in den Zwischenräumen buckelartige Erhebungen.

Eine ausführliche Deutung dieser Tier- und sonstigen Schmuckmotive im allgemeinen Textteil.

Technische Daten

(Originale der Kapitelle)

Herkunft	–
Fundort	–
Künstler	unbekannt
Meisterzeichen	–
Kurzbeschreibung	zwei Kapitelle mit Tierornamentik
Inschrift	–
Erhaltungszustand	gut
Entstehungsort	Bremen
Entstehungszeit	11./12. Jahrhundert
Material	Sandstein
Technik	Flachrelief
Maße	H. 58 cm, B. 58 cm
früherer Standort	–
jetziger Standort	St. Petri Dom, Ostkrypta
Kopien	Dom-Museum, Erdgeschoss
Inv.-Nr.	576/577

Literatur

Götz Ruempler, Geheimnisvolle Ostkrypta. Versuch einer Deutung des Kapitellschmuckes. Domnachrichten 3/1965, S. 11–14.

Ingrid Weibezahn, Die Kapitelle in der Ostkrypta des Bremer Domes. In: Kirche – Kaufmann – Kabeljau. 1000 Jahre Bremer Islandfahrt. Katalog zur Sonderausstellung in Reykjavik, Bremen 2000, S. 23–32 (dort weitere Literatur).

Götz Ruempler, Rabe, Schlange, Wolf und Eierkopf – Ostkrypta-Kapitelle jetzt auch im Dom-Museum. Domnachrichten 2/2001, S. 14–18.

Frühromanische Tierfiguren, 11./12. Jahrhundert (vgl. S. 39f.)

Die beiden im Treppenhaus des Dom-Museums auf einem Wandvorsprung angebrachten Tierreliefs wurden beim Abriss der alten Westfassade des Doms während der großen Domrestaurierung ab 1888 im Abbruchschutt als Steinmaterial gefunden. Es ist sehr wahrscheinlich, dass sie bei der Aufrichtung der spätromanischen Domfassade im 13. Jahrhundert als ein Rest der frühromanischen Fassade als willkommenes Baumaterial weiterverwendet wurden. Ihr genauer Anbringungsort an der frühromanischen Westfassade entzieht sich unserer Kenntnis, da auch das Äußere der Fassade selber nicht überliefert ist.

Relativ gut zu erkennen ist die auf der linken Seite angebrachte Tierfigur, ein Wolf, der sich mit gesträubtem Fell und eingezogener Rute in geduckter Haltung fortschleicht. Es ist sehr nahe liegend, dass es sich hierbei um eine Tiergestalt aus der germanischen Mythologie handelt: Beim Untergang der nordischen Götterwelt im Kampf mit dämonischen Mächten erscheint ein als »Fenriswolf« bezeichneter Tierdämon (vgl. auch Katalogabschnitt »Säulenkapitelle«). Damit wäre mit dieser Figur in knapper Form der wichtigste Auftrag des Erzbistums Bremen im Mittelalter, die Missionierung des Nordens, ausgedrückt: Die lauernde Haltung des Tieres zeigt die Bedrohlichkeit, die geduckte hingegen die Unterwerfung der heidnischen Glaubenswelt unter das Christentum.

Das zweite Relief ist durch seinen fragmentarischen Zustand nur noch schlecht zu erkennen. Wie es scheint, handelt es sich um ein lang hingestrecktes Tier mit Tatzen und Mähne, möglicherweise also um einen Löwen. Oberhalb des Tierkopfes wird ein weiterer Kopf sichtbar, der als menschliches Haupt gedeutet werden kann. Die Figurengruppe kann als Darstellung einer Geschichte aus dem Alten Testament ausgelegt werden: Samsons Kampf mit dem Löwen (Richter 14, 5-6). Der wegen seiner Stärke gefürchtete Samson (Simson) tötet einen Löwen, indem er ihm den Rachen aufreißt. In der mittelalterlichen Kunst wurde diese Szene häufig mit der Darstellung von Christus in der Vorhölle gleichgesetzt. Die hinter diesem Bild stehende Aussage wäre dann dieselbe wie beim benachbarten Fenriswolf: die Überwindung der Zeit des Heidentums durch das Christentum.

Bei dem fragmentarischen Zustand beider Figuren ist es schwierig, zusätzlich zur Deutung einen einstigen Anbringungsort zu rekonstruieren. Siegfried Fliedner hat in seinem Aufsatz die Möglichkeit dargelegt, dass diese beiden Figuren zusammen mit der frühromanischen Darstellung eines thronenden Christus (heute in der Westkrypta) einem Fassadenprogramm zugehörten, das zwar bei der Neugestaltung der Turmfassade unter Erzbischof Gerhard II. im 13. Jahrhundert mit übernommen, aber spätestens um 1500 bei Anbringung eines neuen Fassadenschmucks (kreuztragender und gekreuzigter Christus, heute Mittelschiff und Ostkrypta) weichen musste. Mit dieser Dreiheit aus thronendem Christus mit den beiden kleinen nicht mehr vollständig erhaltenen Begleitfiguren, den Hauptaposteln Petrus und Paulus, bei der Traditio clavis et legis (Übergabe von Schlüssel und Gesetz) und den beiden Tierfiguren ergibt sich ein logischer Aufbau: die Überwindung des Heidentums durch die Herrschaft Jesu und den Missionsauftrag an die beiden Hauptapostel, eine für eine Kirchenfassade in früher Zeit sehr geeignete Zusammenstellung.

Technische Daten

Herkunft	möglicherweise Westfassade St. Petri Dom
Fundort	1888f. aus dem Bauschutt bei Abbruch der alten Domfassade geborgen
Künstler	unbekannt
Meisterzeichen	–
Kurzbeschreibung	zwei Tierreliefs
Inschrift	–
Erhaltungszustand	Wolf: relativ gut; Samson mit Löwe: sehr fragmentarisch
Entstehungsort	wahrscheinlich Bremen
Entstehungszeit	11./12. Jahrhundert
Material	Sandstein
Technik	Hochrelief
Maße	Wolf: H. 42 cm, B. 90 cm; Samson mit Löwe: H. 70 cm, B. 90 cm
früherer Standort	möglicherweise Westfassade des Doms
jetziger Standort	Dom-Museum, Treppenhaus
Inv.-Nr.	53, 54

Literatur

Siegfried Fliedner, Der frühromanische Dom zu Bremen. In: Der Bremer Dom a.a.O., S. 39f.
Bosse/Lamotte a.a.O., S. 28.
Abramzik, a.a.O., S. 18.

Bischofsstab Grab 19, um 1200 (vgl. S. 57)

Im Rahmen einer archäologischen Grabung im Mittelschiff des Bremer St. Petri Doms anlässlich des geplanten Einbaus einer Fußbodenheizung wurde in den Jahren 1973 bis 1975 im Mittelschiffsbereich vor der Treppe zum Ostchor eine mittelalterliche Grablege freigelegt. Die in manchen Gräbern aufgefundenen bischöflichen Insignien ließen den Schluss zu, dass es sich bei diesem Gräberfeld um die Grablege der Bremer Erzbischöfe handelte. Im Gegensatz zur Grabung des Jahres 1895, bei der in zwei seitlich des Ostchors freigelegten Bischofsgräbern jeweils mit dem Namen des Bestatteten gekennzeichnete Bleitafeln gefunden wurden, gab es bei der jüngeren Grabung keinerlei Identifizierungsmöglichkeiten; deshalb konnten die Gräber zur Unterscheidung nur mit Nummern bezeichnet werden.

Das Grab mit der Ordnungszahl 19 der amtlichen Grabung wurde vom Landesarchäologen im November 1974 im Bereich der Bischofsgrablege etwas nördlich der Mittelachse freigelegt. Es war eines der am reichsten ausgestatteten Gräber der Grablege. Aus fünf Lagen von Backsteinen aufgemauert, enthielt es ein männliches Skelett, das auf einer etwa 3 cm dicken Sandschicht lag und mit Resten von Seidengewändern, einer Mitra und Schuhen bekleidet war. Als bischöfliche Insignien waren außer der Mitra ein Bischofsstab und ein Bischofsring vorhanden. Auf der Brust des Toten stand ein silberner Kelch, rechts daneben lag eine Patene.

Wie die wissenschaftlichen Untersuchungen von Géza Jászai ergaben, handelt es sich bei dem Bischofsstab wahrscheinlich um ein um das Jahr 1200 in England angefertigtes Stück; darauf lassen mehrere aus England stammende Vergleichsbeispiele aus jener Zeit in verschiedenen europäischen und überseeischen Sammlungen schließen. Die vergoldete Krümme ist spiralig eingerollt und verdünnt sich unmerklich in Richtung Zentrum. Sie endigt in einem kleinen Tierköpfchen, dessen Deutung als Löwen- oder Schlangenkopf strittig ist.

Für einen Schlangenkopf spräche eine Deutung als Versinnbildlichung des an die Jünger gerichteten Christuswortes: »Siehe, ich sende euch wie Schafe mitten unter die Wölfe: darum seid klug wie die Schlangen und ohne Falsch wie die Tauben« (Matth. 10, 16). Dieses Bibelwort wird übrigens auch von dem mittelalterlichen Geschichtsschreiber Adam von Bremen zur Charakterisierung eines der Bremer Erzbischöfe herangezogen, allerdings mit dem Hinweis, dass jenem die Klugheit der Schlangen gefehlt habe (Adam II, 68); vor diesem Hintergrund wäre also eine Deutung des Krummstabsymbols als Schlangenkopf durchaus denkbar. Für ein Löwenköpfchen spräche hingegen der in der Johannis-Offenbarung gezogene Vergleich Christi mit einem Löwen: »Siehe, es hat überwunden der Löwe, der da ist vom Geschlecht Judas ...« (Offb.

5, 5). Die Augäpfel des Tierköpfchens bestehen aus zwei schwarzen Glasflusskügelchen.

An der Außenseite der Krümme oberhalb des Knotens sind zur Verzierung sieben grünblaue Glaskügelchen eingelegt. Die Sieben ist eine in der Bibel sehr häufig verwendete Zahl mit ambivalentem Charakter; sie kann sowohl positive wie negative Bedeutung haben (z.B. die alttestamentlichen sieben fetten und sieben mageren Jahre).

Im Hinblick auf die Verzierung eines bischöflichen Ehrenzeichens sollten sicherlich vor allem die positiven Bezüge in Betracht gezogen werden, also etwa die sieben Gaben des Heiligen Geistes (Jes. 11, 2), oder vielleicht auch - als tägliche Mahnung sehr sinnvoll - die sieben Tugenden (Glaube, Liebe, Hoffnung, Klugheit, Mäßigkeit, Tapferkeit und Gerechtigkeit), ergänzt in der Definition des französischen Mystikers Hugo von Saint-Victor (1096 [?]–1141) um weitere sieben positive Eigenschaften Sanftmut, Reue, die Sehnsucht nach dem Guten, Mitleid, Lauterkeit, Demut, Friedlichkeit. Diese Folge der positiven Bezüge der Siebenzahl in der christlichen Ethik ließe sich fortsetzen.

Der Krümmenschaft des Bischofsstabs ist in den kapselförmigen Nodus eingelassen, dem an dieser Stelle ein achtzackiger kronenartig gestalteter Ring aufsitzt. Der Nodus selber weist beidseitig der Mitte einen Dekor aus einer umlaufenden zackenförmigen Wellenlinie im Dreierrhythmus mit regelmäßig gegliederter Feldereinteilung auf.

Der hölzerne Schaft des Bischofsstabs war viermal gebrochen, jedoch insgesamt gut erhalten. Dazu hat sicherlich die Verwendung des sehr haltbaren Eschenholzes beigetragen. Die Spitze war ursprünglich ebenfalls mit Metall beschlagen.

Der Stab als Hoheitszeichen hat eine jahrtausendelange Tradition. Schon im Alten Testament ist vom Stab des Moses die Rede, der sich vor den Augen des Pharaos in eine Schlange verwandelte. In der römischen Antike trugen die Auguren (altrömische Priester) einen »baculus« genannten Stab als Würdezeichen. In der Spätantike wurde dieses Zeichen von den christlichen Würdenträgern übernommen und in seiner Form - möglicherweise durch Vermittlung irisch-keltischer Wandermissionare - als »baculus pastoralis« vom Hirtenstab abgeleitet. Ein sehr frühes Beispiel für einen Priesterstab mit krümmenartig gerundeter Spitze hat sich mit einem Silberstab aus Oszöny (heute Magyar Nemzeti Múzeum in Budapest) vom Ende des 3. Jahrhunderts erhalten (Brenk, 390).

Die Verwendung des Krummstabes als Bischofsstab wird erstmalig in der Schrift »De ecclesiasticis officiis« von Isidor von Sevilla (gest. 636) erwähnt. Der Stab wird meist in der linken Hand getragen und nur bei besonders festlichen Amtshandlungen verwendet. Als Würdezeichen eines Abtes oder Bischofs wurde er den Geistlichen bei ihrer Weihe überreicht und zusammen mit den anderen Insignien auch mit ins Grab gegeben. Bei der Bremer Grabung wurden in den Bischofsgräbern mehrere komplett erhaltene Stäbe mit Krümmen gefunden.

Götz Ruempler hat das Tierköpfchen in einem jüngst in den Domnachrichten erschienenen kleinen Aufsatz sehr überzeugend als Pantherkopf gedeutet und für die Herkunft der Krümme (Süd-)Frankreich ins Gespräch gebracht.

Technische Daten

Herkunft	–
Fundort	St. Petri Dom, Bischofsgrablege, Grab 19
Künstler	unbekannt
Meisterzeichen	–
Kurzbeschreibung	Bischofsstab mit Metallkrümme
Inschrift	–
Erhaltungszustand	sehr gut
Entstehungsort	England oder Frankreich
Entstehungszeit	um 1200
Material	Stab: Eschenholz; Krümme: vergoldete Bronze
Technik	Krümme: feuervergoldet
Maße	Krümme: H. 25 cm, Durchmesser 9 cm Stab: L. 138,8 cm, Durchmesser 3 cm
früherer Standort	–
jetziger Standort	Dom-Museum, Textilienraum I
Inv.-Nr.	19/397

Literatur

Magda v. Bárány-Oberschall, Baculus pastoralis. In: Zeitschrift für Kunstwissenschaft, Bd. 12–13, 1958/59, S. 13f.

Beat Brenk, Spätantike und frühes Christentum.

Propyläen-Kunstgeschichte, Supplementband 1, Berlin 1977, Abb. 390.

Géza Jászai, Grabungsfunde aus dem Bremer Dom. Eine Studioausstellung des Westfälischen Landesmuseums für Kunst und Kulturgeschichte, Münster 1978, S. 30f.

Katalog Focke-Museum 1979, S. 114.

Reallexikon zur Deutschen Kunstgeschichte, Bd. II, München 1983, Sp. 792f. (Stichwort Bischofsstab).

Karl Heinz Brandt, 1988, S. 88f.

Heinrich der Löwe und seine Zeit. Katalog der Ausstellung. Braunschweig 1995, Bd. 1, S. 490f.

Götz Ruempler, Der Panther als Auferstehungssymbol auf einer der älteren Bischofskrümmen im Dommuseum. In: Domnachrichten 1, Februar-April 2005, Bremen 2005, S. 10–11.

Bischofsstab Grab 18 (im Focke-Museum), 13. Jahrhundert (vgl. S. 58f.)

Allgemeine Ausführungen zur Grabung und zum Bischofsstab als liturgischem Gerät im Katalogabschnitt Bischofsstab Grab 19.

Das mit der amtlichen Nummerierung 18 bezeichnete Grab wurde im Oktober 1974 freigelegt. Landesarchäologe Dr. Brandt fand ein trapezförmig gestaltetes Rahmengrab mit der üblichen Kopfnische vor, in welchem das Skelett in ungestörter Lage auf einer 2–3 cm dicken Sandschicht lag. Durch die Lage des Grabes innerhalb der Bischofssepultur und die Beifügung eines Krummstabes konnte auf die Bestattung eines Bischofs geschlossen werden. Der Tote war mit der üblichen Pontifikalkleidung ausgestattet worden, von der sich reiche Reste erhalten hatten: Mitra, Palliumkreuze, Stola, Kasel, Dalmatik, Handschuhbesätze, Pontifikalstrümpfe und -schuhe und die Paruren einer Albe. Nach der Bergung des Grabinhalts im November wurde das Skelett im Dezember 1974 zum Präparieren und Konservieren der Textilien nach Stockholm gebracht.

Der Krummstab wurde an der linken Körperseite des Bestatteten mit nach außen gewendeter Krümme gefunden. Die Lagerung des Stabs an der linken Körperseite entspricht dem Gebrauch des Stabs zu Lebzeiten: Er wird vom Bischof stets mit der linken Hand getragen.

Der Bischofsstab aus Eschenholz trägt eine vergoldete Krümme aus Bronze (vgl. Lit. Brandt 1988) oder Kupfer (vgl. Lit. Katalog Focke-Museum), die mit Hilfe der Grubenschmelz-Emailtechnik mit einem Rautenmuster auf blauem Grund verziert ist. Dargestellt ist in der durch die Krümmenvolute gebildeten Freifläche in einer freiplastischen Figurengruppe die Verkündigung an Maria: Der Erzengel Gabriel kündigt Maria die zukünftige Geburt des Gottessohnes an (ausführliche Beschreibung vgl. Text S. 58f.). Als Entstehungszeit und -ort konnten von der Forschung die Jahre um 1230 bis 1235 ermittelt werden, Herkunftsort ist höchstwahrscheinlich Limoges in Frankreich.

Technische Daten

Herkunft	–
Fundort	St. Petri Dom, Bischofsgrablege, Grab 18
Künstler	unbekannt
Meisterzeichen	–
Kurzbeschreibung	Bischofsstab mit Emailverzierung an der Krümme
Inschrift	–
Erhaltungszustand	sehr gut
Entstehungsort	wahrscheinlich Limoges
Entstehungszeit	1230–1235
Material	Stab: Eschenholz; Krümme: Bronze, vergoldet

Technik	Krümme: Bronze, feuervergoldet, in Rautenmuster blau emailliert
Maße	Krümme: H. 31,2 cm; Durchmesser Volute: 12,3 cm; Durchmesser Knauf: 7,1 cm Schaft: H. 141,5 cm; Durchmesser: 3,4 cm
früherer Standort	–
jetziger Standort	Bremer Landesmuseum (Focke-Museum)
Inv.-Nr.	79.216, Leihgabe der St. Petri Domgemeinde

Literatur

Katalog Focke-Museum 1979, S. 116.

Brandt 1988, S. 86.

Herbert Schwarzwälder, Die Bischöfe und Erzbischöfe von Bremen. Ihre Herkunft und Amtszeit – ihr Tod und ihre Gräber. Schriftenreihe »Die Gräber im Bremer St. Petri Dom«. Blätter der »Maus«, 16. Heft, Dezember 1996, S. 29/30.

Mitra Grab 19, 13. Jahrhundert (vgl. S. 54f.)

Allgemeines zur archäologischen Grabung und zum Grab 19 im Katalogabschnitt Bischofsstab Grab 19.

Das Prunkstück dieses Grabes ist neben dem Krummstab die Mitra, deren Entstehungszeit in die Mitte des 13. Jahrhunderts datiert wird. Sie zeigt auf beiden Seiten reiche figürliche Seidenstickereien, und zwar die beiden Hauptapostel Petrus (mit Schlüssel) und Paulus (mit Buch) auf der Rückseite und auf der Vorderseite Christus zwischen Maria und Johannes dem Täufer in einer so genannten Deesis (Fürbitte). An der Rückseite kaschieren zwei Bänder mit Zackenmuster die Mittelnaht. An den Schmalseiten flankieren Engel beide Szenen. Zusätzlich sind kleine paillettenartige Silberplättchen in Blütenform über den Stoff verteilt aufgenäht. Die schmalen herabhängenden Mitrabänder weisen ein anderes Webmuster auf, in dem in ovalen Rahmen wechselweise Löwen, Greife und Vögel zu sehen sind; diese Bänder (»Infuln«) sind möglicherweise noch älter als der Kopfteil, nämlich aus dem 12. Jahrhundert. Am unteren Rand der Mitrabänder sind zwei oval geschliffene Bergkristalle als Zierde angebracht, Fransen schließen das Ganze nach unten ab.

Nach den Ergebnissen der Stockholmer Untersuchung wurde die Mitra vermutlich in Deutschland aus einem aus dem Mittelmeergebiet importierten Seidenstoff angefertigt. Eine detaillierte Beschreibung der Mitra mit Webmusteranalysen und Rekonstruktion des Schnittmusters sowie die wissenschaftliche Einordnung in die Textilgeschichte ist in Stockholm in Arbeit.

Technische Daten

Herkunft	–
Fundort	St. Petri Dom, Bischofsgrablege, Grab 19
Künstler	unbekannt
Meisterzeichen	–
Kurzbeschreibung	kostbare Mitra aus besticktem Stoff mit zwei Bergkristallen als Schmuck an den Mitrabändern
Inschrift	–
Erhaltungszustand	bei Auffindung fragmentarisch, Konservierung und Ergänzung in modernem Stoff
Entstehungsort	Seidenstoff: Mittelmeergebiet; Fertigstellung: Deutschland
Entstehungszeit	1. Hälfte 13. Jahrhundert; Mitrabänder wahrscheinlich 12. Jahrhundert
Material	Seide

Technik	Stickerei in unterschiedlichen Stichtechniken
Maße	H. 24 cm, Umfang 56 cm; Nackenbänder B. 6,5 cm, L. 42 cm, Fransen 8 cm
früherer Standort	–
jetziger Standort	Dom-Museum, Textilienraum I
Inv.-Nr.	19/402

Literatur

Margareta Nockert, Stand und Aufgaben der Textilbearbeitung. In: Katalog Focke-Museum 1979, S. 86–92.

Ärkebiskoparna, S. 73.

Karl Heinz Brandt, 1988, S. 88–90.

Ingrid Weibezahn, Konservierte mittelalterliche Grabgewänder im Bremer Dom-Museum. In: Textilkunst 3/1989, S. 123–126.

Margareta Nockert, Die Bremer Untersuchung (unveröffentlichtes Manuskript).

Dalmatik Grab 18, 13. Jahrhundert (vgl. S. 56f.)

Zur Auffindung des Grabes siehe Katalogabschnitt Bischofsstab Grab 18.

Nach der Bergung des Grabinhalts wurde das Skelett im Dezember 1974 zum Präparieren und Konservieren der Textilien nach Stockholm gebracht. Bei diesen Untersuchungen erwies sich die Dalmatik als ein besonders interessantes Stück. Sie besteht wie die anderen Textilteile aus (jetzt) gelbbrauner Seide und weist ein besonders schönes Muster auf: Der Stoff ist mit mehreren Reihen von Kreisen überzogen. In den Zwischenräumen dieser Kreise sind jeweils kleinere Kreise angeordnet. Beide Kreisarten weisen unterschiedliche Binnenmuster auf: Die größeren zeigen zwei einander gegenübergestellte Falken, die die Köpfe einander zuwenden, die kleineren einen Adler mit zwei Köpfen (sog. Doppeladler).

Was diese Dalmatik darüber hinaus noch besonders bedeutend macht, ist die Tatsache, dass auf dem Hals der Falken (besonders gut beim jeweils rechten Tier vom Betrachter aus) das altarabische Schriftzeichen für das Wort »Gott« steht. Wir haben damit also einen recht eindeutigen Hinweis, dass dieses Gewand seinerzeit aus dem ostislamischen Gebiet nach Bremen gekommen sein muss.

Eine genaue Stoffanalyse und textilhistorische Würdigung ist in Stockholm in Arbeit.

Technische Daten

Herkunft	–
Fundort	St. Petri Dom, Bischofsgrablege, Grab 18
Künstler	unbekannt
Meisterzeichen	–
Kurzbeschreibung	geistliches Gewand mit altarabischen Schriftzeichen, jeweils auf dem Hals eines Falken die altarabischen Schriftzeichen für das Wort »Gott«
Erhaltungszustand	gut nach Konservierung und Ergänzung in modernem Stoff
Entstehungsort	östliches Mittelmeergebiet
Entstehungszeit	um 1200
Material	Seide
Technik	Lampas
Maße	H. 132 cm, B. auf Saumhöhe ca. 170 cm
früherer Standort	–
jetziger Standort	Dom-Museum Bremen, Textilienraum I
Inv.-Nr.	18/578

Literatur

Ärkebiskoparna, S. 62/63.
Karl Heinz Brandt, 1988, S. 85f.
Leonie von Wilckens, Buchbesprechung von Karl Heinz Brandt, Die Gräber des Mittelalters ... (siehe oben). In: Kunstchronik Bd. 43 (1990), S. 164.
Margareta Nockert, Die Bremer Untersuchung (unveröffentlichtes Manuskript).

Dalmatik Grab 7, 13. Jahrhundert (vgl. S. 81f.)

Die Dalmatik gehört zusammen mit den anderen Textilien dieses Grabes zu den besonders gut erhaltenen Stücken aus dem Bremer Textilienbestand. Das Grab wurde bereits 1930 von der Kunsthistorikerin Helen Rosenau im Rahmen einer bauhistorischen Untersuchung des St. Petri Domes in der Mitte des Mittelschiffs entdeckt und nach Öffnung und erster Begutachtung des Inhalts wieder geschlossen. 1943 wurde das Grab vom damaligen Direktor des Focke-Museums erneut geöffnet; es ging damals - mitten im Zweiten Weltkrieg - um die Bergung einiger der früher entdeckten wertvollen Textilien als eine Sicherungsmaßnahme wegen der Bombengefährdung. Ein drittes Mal fand eine Graböffnung im Dezember 1973 im Rahmen einer groß angelegten archäologischen Grabung seitens des damaligen Landesarchäologen Dr. Brandt statt. Diesmal wurde das ganze Grab systematisch geborgen und erforscht. Die Skelettreste mit den daran haftenden Textilien wurden gemeinsam mit den bereits 1943 geborgenen Textilteilen zur Konservierung nach Stockholm in das dortige Institut für Textilforschung beim Historischen Museum geschickt.

Unter den geborgenen Textilien, einer Kasel, einer Tunika und einer Dalmatik, erwies sich Letztere als besonders interessantes Stück. Sie zeigt ein Muster aus einer regelmäßigen Reihung von größeren Kreisen, in die paarweise Löwen eingestellt sind, welche ihre Gesichter dem Beschauer zuwenden. An den Rändern der Kreise befinden sich stilisierte Pflanzenornamente. In den Zwischenräumen zwischen diesen Kreisen sind kleinere Kreise mit Arabeskenmustern eingeschoben. Im unteren Bereich ist die Dalmatik in der Mitte mit einem eingesetzten andersartigen Stoffstück ergänzt, das mit der kufischen (= altarabischen) Inschrift »Der großmächtige Sultan« versehen ist. Diese Inschrift lässt den Schluss zu, dass dieses Textilstück im Orient oder in einem Umfeld mit islamischem Einfluss, also z.B. in Spanien, entstanden sein könnte.

Leider erlaubten die Fundumstände keine Identifizierung des Bestatteten, so dass weiterhin unklar bleiben muss, wer der Besitzer dieses besonderen Stücks war. Es ist wohl auch davon auszugehen, dass die einzelnen Textilteile von verschiedenen Personen getragen wurden. Ob für die Beerdigung persönliches Eigentum oder ältere, nicht mehr so gut erhaltene Stücke gewählt wurden, entzieht sich leider ebenfalls unserer Kenntnis.

Technische Daten

Herkunft	–
Fundort	St. Petri Dom, Bischofsgrablege, Grab 7
Künstler	nach einer eingewebten Angabe wahrscheinlich ein Mann namens »Abi ibn Othman«

Meisterzeichen	–
Kurzbeschreibung	geistliches Gewand mit aufgenähtem Saumbesatz
Inschrift	die kufischen (= altarabischen) Schriftzeichen für »as-sultan al-azin« (»Der großmächtige Sultan«)
Erhaltungszustand	sehr gut nach Konservierung und geringfügigen Ergänzungen in modernem Stoff
Entstehungsort	ostislamisches Gebiet (vgl. Nockert, ungedrucktes Manuskript) oder Spanien (vgl. Grohne, S. 138)
Entstehungszeit	13. Jahrhundert
Material	Seide
Technik	Lampas
Maße	L. 130,5 cm; B. 90,5 cm
früherer Standort	–
jetziger Standort	Dom-Museum, Textilienraum II
Inv.-Nr.	7/503

Literatur

Ernst Grohne, Mittelalterliche Seidengewebe aus Erzbischofsgräbern im Bremer Dom. In: Alte Kostbarkeiten aus dem bremischen Kulturbereich. Bremen 1956, S. 107–167.

Karl Heinz Brandt, 1988, S. 66f.

Ärkebiskoparna, S. 55.

Margareta Nockert, Die Bremer Untersuchung (unveröffentlichtes Manuskript).

Relief der Heiligen Cosmas und Damian, um 1400 (vgl. S. 29ff.)

Das Sandsteinrelief zeigt in zwei rahmenden Spitzbögen Szenen aus dem Leben und Wirken der beiden heiligen Ärzte Cosmas und Damian. Diese beiden Heiligen erfreuten sich am Bremer Dom besonderer Verehrung, seit Erzbischof Adaldag im Jahre 965 ihre Reliquien aus Rom mitgebracht hatte. Im Jahre 1334 wurden die Reliquien von Erzbischof Burchard Grelle durch Zufall, wie es überliefert wird, hinter einer zerborstenen Mauer seitlich des Ostchors wieder entdeckt. Vermutlich an dieser Fundstelle wurde um 1400 das im Museum ausgestellte Relief angebracht. Es zeigt die beiden Heiligen den Legenden gemäß bei ihrer ärztlichen Tätigkeit: Links wird ein Kamel mit einer Salbe behandelt und rechts wird eine Transplantation an einem Bein durchgeführt. Die beiden Heiligen sind auf dem Relief an den Salbendosen zu erkennen, mit denen sie ihrer ärztlichen Aufgabe nachgehen.

Eine erste Erwähnung eines Altars für die beiden Heiligen findet sich im Bremischen Urkundenbuch für das Jahr 1379, als am 1. Mai Erzbischof Albert die Stiftung eines Altars zu Ehren der Heiligen Dreieinigkeit, der Jungfrau Maria, der Heiligen Cosmas, Damian und Wulfhard und der heiligen Corona bestätigt. Gestiftet worden war dieser Altar von den Ministerialen Segebado, Nicolaus und Johannes von Nendorpe. Ob mit dieser Stiftung auch bereits die Anfertigung unseres Reliefs verbunden war, lässt sich dem Urkundentext nicht entnehmen. Stilistisch könnte dieser Zeitpunkt in etwa in Frage kommen, wobei eine genaue Datierung ohne nähere Anhaltspunkte immer problematisch ist. Aktenkundig wurde der Altar noch einmal im Jahre 1418, als er als Ort der Beurkundung eines Hausbesitzes diente. Urkundeninhalt und Ort der Beurkundung weisen aber keinen erkennbaren Zusammenhang auf.

Die älteste Beschreibung des Doms, in der das Relief Erwähnung findet, aus dem Jahre 1922 erwähnt als Anbringungsort die Nordwand der kleinen Kapelle am Beginn des ehemaligen Kreuzgangs (heutige Knigge-Kapelle); dies dürfte aber wohl kaum der ursprüngliche Standort sein. Die Reliquien der beiden Heiligen wurden in der Zeit zwischen 1400 und 1420 in einem kostbaren Silberschrein geborgen, der bis 1648 im Dom aufgestellt war. (Beschreibung des Schreins siehe Text S. 30).

Technische Daten

Herkunft	St. Petri Dom, sog. Knigge-Kapelle, Nordwand
Fundort	–
Künstler	unbekannt
Meisterzeichen	–
Kurzbeschreibung	Steinrelief mit der Darstellung zweier Wundertaten der beiden Heiligen
Inschrift	–
Erhaltungszustand	sehr gut
Entstehungsort	vermutlich Bremen
Entstehungszeit	um 1400
Material	Sandstein
Technik	Steinrelief teilweise mit Blattgold vergoldet
Maße	H. 98 cm; B. 198 cm
früherer Standort	s. Herkunft
jetziger Standort	Dom-Museum, Erdgeschoss
Inv.-Nr.	93

Literatur

Bremisches Urkundenbuch, 3. Bd., Bremen 1880, Nr. 549.

Dass., 5. Bd., Bremen 1902, Nr. 119.

Ernst Ehrhardt, Inventar der bremischen Bau- und Kunstdenkmäler. Die St. Petri Domkirche. Schreibmaschinenmanuskript, Bremen 1922, S. 80.

Ingrid Weibezahn, Ein neues Ausstellungsstück im Dom-Museum (Relief Cosmas und Damian). In: Domnachrichten 2/1988, S. 8–10.

Hans Kloft, Reliquien und Volksfrömmigkeit. Betrachtungen zur Verehrung der Heiligen Cosmas und Damian. In: Hospitium Ecclesiae, Bd. 19, Bremen 1993, S. 7–61 (dort weitere Literatur).

Abendmahlsrelief, 15. Jahrhundert (vgl. S. 24f.)

Das vermutlich von einem Bremer Steinmetz aus Kalkstein gefertigte Relief zeigt in tympanonartiger Fläche Christi Abendmahl mit den Jüngern. Die obere Begrenzung der Bildfläche in Form eines spätgotischen Kielbogens ist mit blütenartigen Gebilden besetzt. Das im oberen Teil stark beschädigte Bildwerk schmückten einst rechts und links der türmchenartigen Mitte musizierende Engel; auf der linken Seite ist außer Fragmenten der Engelsfigur noch ein Portativ (= tragbare kleine Orgel) erhalten. Auf der rechten Seite sind keinerlei Reste eines Musikinstruments mehr erkennbar. Die Gestaltung der unteren Reliefumrahmung mit einem senkrecht nach unten weisenden Randstück lässt vermuten, dass das Bildwerk als Bekrönung einer Tür oder einer Nische gedacht war; das Abendmahlsmotiv ließe an die Verzierung einer Sakramentsnische (Wandnische für das Abendmahlsgerät) denken.

Ein Künstlername ist für das Werk nicht überliefert, die Ähnlichkeit der Gesichtszüge und Barttrachten mit den großen Figuren an der Außenseite des Bremer Rathauses lässt an einen der dort beschäftigten Steinmetze denken. Dies ergibt eine ungefähre Datierung in die Zeit um 1405 bis 1410 (Entstehung des Rathauses).

Technische Daten

Herkunft	St. Petri Dom
Fundort	1930 aufgefunden als Bodenplatte in der Ostkrypta
Künstler	unbekannt
Meisterzeichen	–
Kurzbeschreibung	Steinrelief mit der Darstellung des heiligen Abendmahls
Inschrift	–
Erhaltungszustand	im oberen Teil stark beschädigt
Entstehungsort	vermutlich Bremen
Entstehungszeit	Anfang 15. Jahrhundert
Material	Kalkstein
Technik	Hochrelief
Maße	H. 1,20 m; B. 1,29 m
früherer Standort	siehe Fundort
jetziger Standort	Dom-Museum, Erdgeschoss
Inv.-Nr.	2

Literatur

Werner Kloos/Jürgen Wittstock/Hans Scheidulin, Alte Kirchen in und um Bremen, Bremen o. J., S. 24/25.

Ingrid Weibezahn, Eine spätmittelalterliche Abendmahlsdarstellung aus dem St. Petri Dom. In: Hospitium Ecclesiae, Bd. 17, 1989, S. 35–42.

Gotische Wandmalereien, frühes 15. Jahrhundert (vgl. S. 18ff.)

Die Wandmalereien im Erdgeschoss des Dom-Museums (Raum 1) entstanden wahrscheinlich um das Jahr 1414, als der Dombaumeister Johann Hemeling einen bislang als Bibliothek genutzten Raum zwischen Ostchor und südlichem Querschiff zu einer Kapelle umgestalten ließ. Auffällig ist die mehrfache Darstellung des Gewands Christi auf den Wandmalereien, sowohl bei der Taufszene als auch bei der Verspottung, beim Würfeln um das Gewand und als Bekleidungsstück des thronenden Christus. Dies legt die Vermutung nahe, dass in dieser Kapelle die Verehrung der Reliquien des Gewands Christi, deren Vorhandensein am Dom nachgewiesen werden kann, erfolgte. Dombauherr Hemeling erwähnt sie zwar im Zusammenhang mit der neuen Kapelle nicht, sondern nennt nur einen 1414 dort geweihten (und von ihm gestifteten) Marienaltar, dennoch muss diese den Raum prägende mehrfache Darstellung in einem bestimmten Sinnzusammenhang mit den Reliquien stehen.

Die aus Mineralfarben al secco hergestellten Wandmalereien wurden 1984/85 freigelegt und konserviert; sie bedecken Wände und Gewölbe eines Raums, der vermutlich im 13. Jahrhundert als Unterbau für die Domschatzkammer entstanden war. Bei der Konservierung und Aufbereitung für die dauerhafte Präsentation als Museumsobjekt wurden die auf kurze Entfernung unterbrochenen Konturen der Zeichnungen vorsichtig durch Punktieren vervollständigt; es wurden jedoch keinerlei Ergänzungen im Sinne von Neugestaltungen vorgenommen, mit Ausnahme einer Bilderleiste mit geometrischen und floralen Motiven, die als ein Musterbeispiel für den ursprünglichen Eindruck der Farbigkeit der Musterung aufgrund des freigelegten Befundes in alter Weise nachgestaltet wurde.

Technische Daten

Herkunft	–
Fundort	1984/85 unter der Tünche des ehemaligen Bleikellers (jetzigen Dom-Museums) freigelegt
Künstler	unbekannt
Meisterzeichen	–

Kurzbeschreibung	Wand- und Gewölbemalereien mit Szenen aus dem Leben Christi Gewölbezone: 1. Taufe Christi im Jordan (Matth. 3, 14–17) 2. Die Bekleidung Christi mit dem weißen Spottgewand (Lk. 23, 11) 3. Würfeln der Soldaten um Christi Gewand (Matth. 27, 35) 4. Thronender Christus (Offb. 1, 16) Wandflächen: 5. Zwei Engelsköpfe mit Weihrauchgefäßen 6. Stehende Figur (evtl. ehemals mit Musikinstrument?) Im Gewölbescheitel und zwischen den Szenen: Rankenmalereien und Reste von Medaillons mit Prophetenköpfen (?)
Inschriften	insgesamt nur fragmentarisch erhalten; Taufe Christi: Matth. 3, 14 und 17 Würfeln um Gewand: Psalm 22, 19 Bekleidung Christi: Schriftbandreste nicht mehr lesbar
Erhaltungszustand	teilweise sehr fragmentarisch
Entstehungsort	in situ
Entstehungszeit	um 1414
Material	Mineralfarben
Technik	Malerei auf dem trockenen Putz (»al secco«)
Maße	Gewölbe und teilweise Wandflächen eines Raums von etwa 10 m x 4 m
früherer Standort	–
jetziger Standort	Dom-Museum, Erdgeschoss
Inv.-Nr.	–

Literatur

Hans Henry Lamotte, Große Überraschung … (zur Entdeckung der Wandmalereien im Dom-Museum). In: Domnachrichten 4/1985, S. 7–8.

Ingrid Weibezahn, Zur Datierung der kürzlich freigelegten Gewölbemalereien im zukünftigen Dom-Museum. In: Domnachrichten 2/1986, S. 2–4.

Ingrid Weibezahn, Die mittelalterlichen Wandmalereien im Bremer Dom-Museum. In: Niederdeutsche Beiträge zur Kunstgeschichte, Bd. 32, München/Berlin 1993, S. 75–89.

Ingrid Weibezahn, Werkstattzusammenhänge. In: Wandmalerei in Niedersachsen, Bremen und im Groninger Land. Fenster in die Vergangenheit, hrsg. von Rolf-Jürgen Grote u. Kees van der Ploeg, Hannover 2001, Bd. 1, S. 328–333.

Grabplatte Dompropst Johann Rode, um 1477 (vgl. S. 79ff.)

Diese Grabplatte war ursprünglich im Mittelschiff des Doms unweit der Orgelempore in einer Schieferplatte waagerecht liegend eingelassen. Bereits Ende des 19. Jahrhunderts wurde sie aus dem Dom entfernt und fand als Schmuckplatte an einem Tresor in der Sakristei Verwendung. Die sicherlich einmal vorhandene rahmende Inschrift ist verloren. Seit 1987 gehört die Messingplatte zu den Ausstellungsstücken des Dom-Museums; sie wurde dafür auf eine dunkel getönte Holzplatte montiert, da eine Verwendung von Schiefer sehr kostenaufwendig gewesen wäre.

Wie das Wappen, der geflügelte Helm, erkennen lässt, barg das Grab einst die sterblichen Überreste eines Angehörigen der Bremer Familie Rode. Da der auf der Platte dargestellte Geistliche ohne Mitra und Stab wiedergegeben ist, kann es sich nicht um den Erzbischof Johann Rode, sondern nur um den gleichnamigen Dompropst handeln, der 1477 starb. Dies ergibt einen Anhaltspunkt für die Datierung der Platte.

Die dargestellte Person ist mit der zeitgemäßen geistlichen Kleidung abgebildet, die nach damaliger Gepflogenheit auch mit ins Grab gegeben wurde. Als unterstes Gewand trug der mittelalterliche Geistliche die Albe, ein weißes Leinengewand, dessen unterer Teil häufig mit einem Seidenstück verziert war. Die Albe von Dompropst Rode ist auf der Grabplatte als langes Gewand unterhalb der übrigen Kleidung gut zu erkennen. Von den übrigen Gewändern des mittelalterlichen Geistlichen, der Tunika und der Dalmatik, ist hier nichts zu sehen, da sie vom Obergewand, der Glockenkasel, überdeckt werden.

Die Kasel, ein glockenförmiger Umhang ohne Ärmelausschnitte, musste beim Tragen mit den Armen hochgerafft werden. Zur mittelalterlichen Kasel gehörte in jener Zeit in der Regel auch das so genannte Kaselkreuz, ein in Form eines Astkreuzes über Schultern, Brust und Rücken angebrachter Zierstreifen. An der Messingplatte von Dompropst Rode wird die Verzierung dieses Streifens durch aufgestickte Apostelfiguren erkennbar. An der linken Schulter ist der Apostel Petrus (mit Schlüssel), rechts der Apostel Paulus (mit Schwert) zu sehen. Weitere Apostelfiguren sind auf den beiden anderen liturgischen Gewandteilen, der Stola und dem Manipel, angebracht. Diese etwa zehn Zentimeter breiten, bestickten Seidenstreifen werden unter der Kasel sichtbar.

Der Kopf des Toten ruht auf einem Kissen, das gleichfalls ein reiches Granatapfelmuster aufweist. Diese Gepflogenheit, die im späteren Mittelalter offenbar weit verbreitet war, lässt sich für den Bremer Dom auch noch an einem Grabfund nachweisen: Der Tote des Grabes 19, wahrscheinlich Erzbischof Gerhard II., ruhte auf einem vermutlich in Spanien hergestellten Kissen aus gold und grün gestreifter Seide.

Der auf der Grabplatte abgebildete, dem Toten beigegebene Kelch gibt die Gewohnheit wieder, den Geistlichen mit den liturgischen Gegenständen auch im Tode zu versehen, die in seinem Leben bedeutsam waren; der Bischof erhielt sie ebenfalls, ergänzt um seine Würdezeichen Bischofsstab und Ring.

Der St. Petri Dom besitzt noch eine weitere Grabplatte aus Messing; sie ist an der Ostwand des nördlichen Querschiffs senkrecht eingelassen (für den Domherrn Ludolph Varendorp, 1571). Wie es scheint, waren derartige Grabplatten trotz sicherlich hoher Herstellungskosten immer wieder sehr beliebt, möglicherweise, weil sie der Beschädigung durch Abtreten besser widerstanden als die verhältnismäßig weichen Sandsteinplatten. Eine der Platte für Dompropst Rode in der Gestaltung sehr ähnliche, allerdings wesentlich ältere Messinggrabplatte finden wir in der Verdener St. Andreaskirche; sie zeigt den bedeutenden Verdener Bischof Yso mit einem Kirchenmodell und stammt aus der Zeit um 1231. Die Herkunft der Bremer Platte ist nicht bekannt; möglicherweise stammt sie aus Flandern, wo derartige Grabplatten besonders verbreitet waren.

Technische Daten

Herkunft	St. Petri Dom, alte Sakristei, Tresor
Fundort	–
Künstler	unbekannt
Meisterzeichen	–
Kurzbeschreibung	Grabplatte mit der Gestalt eines katholischen Geistlichen in Amtstracht mit dem Wappen der Familie Rode
Inschrift	–
Erhaltungszustand	sehr gut
Entstehungsort	möglicherweise Flandern
Entstehungszeit	um 1477
Material	Messingplatte auf moderner Holzplatte montiert
Technik	Messing, graviert, die Linien einst mit schwarzer Masse gefüllt
Maße	H. 186 cm; B. 56 cm
früherer Standort	St. Petri Dom, im westlichen Teil des Mittelschiffs auf dem Boden in eine Schieferplatte eingelassen
jetziger Standort	Dom-Museum, Obergeschoss
Inv.-Nr.	133

Literatur

H.A. Müller, Der Dom zu Bremen, Bremen 1861, S. 41.
Katalog Focke-Museum 1979, S. 191/192 (dort ausführliche Lit.angaben)
– zum Kissen Grab 19: M. Nockert, Ärkebiskoparna, S. 73.

Figurengruppe heilige Anna selbdritt, um 1500 (vgl. S. 32ff.)

Eine Figurengruppe, bestehend aus der nur in apokryphen biblischen Texten genannten Frau namens Anna, ihrer Tochter Maria links neben ihr und dem Christuskind auf dem Arm. In dieser Zusammenstellung ist Anna als ältere Frau wiedergegeben mit langem, faltenreichem Gewand, einer Haube, die sich eng um ihr Gesicht schließt, und einem zusätzlich auch den Kopf umhüllenden Umhang. Diesen Umhang hält das Christuskind mit seiner rechten Hand gepackt, sein linker Arm ist ab dem Ellbogen beschädigt. Annas Rechte umfasst liebevoll die neben ihr stehende Gottesmutter Maria, die als junges Mädchen mit einer Krone auf dem lang herabwallenden gelockten Haar wiedergegeben ist. Mit dieser Krone wird in Darstellungen seit dem 13. Jahrhundert auf die Vorstellung einer Krönung Marias als Himmelskönigin angespielt. Mit der linken Hand hält Maria das Füßchen des Kindes umfasst; die Gestik der rechten ist wegen einer Beschädigung der Figur an dieser Stelle nicht mehr zu bestimmen, möglicherweise hielt sie dem Kind ein Spielzeug entgegen. Ihr Blick ist auf das Kind gerichtet, während Annas Blick dem Betrachter zugewendet ist. Das Köpfchen des Christuskinds ist nicht mehr authentisch, es wurde 1963 ergänzt. Der eigentlich zu vermutende Blickkontakt zwischen Mutter und Kind wurde hier nicht realisiert.

Technische Daten

Herkunft	St. Petri Dom
Fundort	–
Künstler	unbekannt
Meisterzeichen	–
Kurzbeschreibung	Figurengruppe, bestehend aus der heiligen Anna, ihrer Tochter Maria und deren Sohn Jesus Christus
Inschrift	–
Erhaltungszustand	gut; Kopf des Christkindes ergänzt
Entstehungsort	wahrscheinlich Bremen
Entstehungszeit	um 1500
Material	Sandstein
Technik	skulpierte Steinfigur auf modernem Sockel
Maße	Figur H. 143 cm, B. 44 cm; Sockel H. 25 cm
früherer Standort	möglicherweise Domfassade
jetziger Standort	Dom-Museum, Erdgeschoss
Inv.-Nr.	225

Literatur

Hemeling a.a.O., fol. 7a, 84 b.

Renner a.a.O., Bd. I, fol. 171 v.

P. Beda Kleinschmitt, Die heilige Anna. Ihre Verehrung in Geschichte, Kunst und Volkstum, Düsseldorf 1930.

Die apokryphen Schriften zum Neuen Testament, hrsg. von Wilhelm Michaelis, Bremen 1956, S. 73f.

Martin Brecht, Martin Luther, Stuttgart 1981, S. 57.

Zwei spätmittelalterliche Altargemälde, um 1500 (vgl. S. 68f.)

Bei den beiden Tafelgemälden handelt es sich vermutlich um Teile eines spätmittelalterlichen Klappaltars aus der Zeit um 1500. Dargestellt ist auf der linken Tafel eine Geißelung Christi: Christus steht mit leicht nach rechts geneigtem Haupt und auf den Rücken gebundenen Händen auf einem kleinen quadratischen Postament vor der Geißelsäule und wird von zwei Schergen mit Peitschen und Reisigbündeln geschlagen; zwei weitere Männer, die ihrerseits Peitsche und Stöcke in den Händen halten, verspotten ihn durch Gesten. Im Vordergrund liegt Christi grünes Obergewand gebauscht auf dem Boden. Der Hintergrund des Gemäldes wird von einer Bogenarchitektur eingenommen, die einen Innenraum andeuten soll; in den Bogenöffnungen wird ein großflächiges Granatapfelmuster auf Goldgrund sichtbar, das die Szene vorhangartig abschließt.

Die rechte Tafel zeigt die Kreuztragung Christi, verknüpft mit der im Mittelalter sehr beliebten Szene der heiligen Veronika mit dem Schweißtuch: Die nicht in der Bibel, sondern durch spätere Legenden überlieferte Begebenheit erinnert an eine Frau, die dem kreuztragenden Christus den Schweiß vom Gesicht gewischt haben soll. Auf dem Tuch habe sich daraufhin das Antlitz Christi abgebildet. Dieses Tuch mit dem Antlitz Christi hat in der Kunstgeschichte die etwas ungewöhnliche Bezeichnung »Schweißtuch der Veronika« erhalten, wobei der Name der Heiligen sich offenbar aus der Zustandsbeschreibung des Tuches »vera ikon« (= wahres Bild) entwickelt hat.

Auf dem Gemälde entwickelt sich die Szene von links nach rechts. Links am Bildrand kniet Veronika in reichen rot-grünen Obergewändern mit weißer Haube und reicht dem neben ihr stehenden Christus das Tuch, auf dem sein Antlitz sichtbar ist. Christus selber, dessen Beinstellung ein langsames Schreiten andeutet, blickt den Betrachter mit leidendem Gesichtsausdruck an. Er hält den Tuchzipfel mit der Rechten fest, während die Linke um den nahezu senkrechten Kreuzbalken gelegt ist. In dieser Tätigkeit wird er von Simon von Kyrene unterstützt, einem, wie die Bibel lehrt, soeben vom Feld kommenden Bauern, der den Kreuzeslängsbalken mit beiden Händen ergriffen hat. Hinter diesem Helfer werden die Gottesmutter Maria und Johannes in der den Kreuzeszug begleitenden Volksmenge sichtbar.

Am rechten Bildrand steht mit dem Rücken zum Betrachter einer der Kriegsknechte in reicher Montur, mit geschlitzten Puffärmeln am roten Wams, einem Turban und hohen Lederstiefeln mit Umschlag. Er hat mit der Linken ein Seil gepackt, dessen anderes Ende um Christi Leib geschlungen ist. In der erhobenen Rechten schwingt er mit martialischem Geschrei, wie es scheint, einen Morgenstern gegen Christus, eine Nahkampfwaffe mit nagelgespicktem Endstück. Im Hintergrund links erscheinen vor einer angedeuteten Burgarchitektur nur die Kopfbedeckungen einiger weiterer Kämpfer mit Hellebarden und Lanzen, während zur Bildmitte und zum rechten Rand hin eine bergige Landschaft angedeutet ist. Den optischen Abschluss zum Horizont bildet auch hier ein großflächiges goldenes Granatapfelmuster.

Die Kunstforschung hat ermittelt, dass diese beiden Gemälde auf Stichvorlagen von Martin Schongauer (um 1435–1491) basieren. Die Übereinstimmungen beziehen sich auf die Motivauswahl und die Bildkomposition, z.B. Rundbogenarchitektur auf der Geißelszene, Christus vor einer Säule angebunden mit dem davor hingeworfenen Gewand. In der Gestaltung der Personen sind auf dem Bild jedoch deutliche Abwandlungen und Vereinfachungen gegenüber dem Stich festzustellen. Dasselbe gilt für die zweite Szene, die im Stich gedrängter, figurenreicher und mit architektonisch ausgestaltetem Hintergrund, im Gemälde hingegen in einfacherer Umrissgestaltung, dafür in starkem Farbkontrast dargestellt ist. Eindrucksvoll in der Detailübernahme allerdings das zur Schlaufe geschlungene Seil um den Leib Christi, dessen Wiedergabe in beiden Darstellungen gänzlich übereinstimmt.

Unsere Bildtafeln erhielten offensichtlich in der ersten Hälfte des 19. Jahrhunderts eine neue Rahmung; ob dies auch der Zeitpunkt ihrer Übernahme in den St. Petri Dom war oder ob sie bereits früher zum Inventar gehörten, ist z.Zt. noch unklar. Erstmalig erwähnt wurden sie als Dombesitz 1861. Die frühere Vermutung, dass die Gemälde einer niederdeutschen Malerschule zugehören, wurde in jüngerer Zeit angezweifelt. Ob sie stattdessen dem oberdeutschen Bereich, z.B. der Umgebung des Nürnberger Dürer-Lehrers Michael Wolgemut, zuzuordnen sind, bedarf noch genauerer Untersuchung.

Technische Daten

Herkunft	wahrscheinlich Spende in der ersten Hälfte des 19. Jahrhunderts
Fundort	–
Künstler	unbekannt
Meisterzeichen	–
Kurzbeschreibung	zwei Gemälde, möglicherweise Teile eines Flügelaltars mit der Darstellung von Christi Geißelung und Kreuztragung
Inschrift	–
Erhaltungszustand	bis auf einige Risse im Holz: gut
Entstehungsort	möglicherweise Süddeutschland
Entstehungszeit	Gemälde um 1500; Rahmen frühes 19. Jahrhundert
Material	offenbar nicht Eichenholz, wie bislang vermutet, sondern Nadelholz

Technik	Öl (?) auf Holz
Maße	H. 116 cm; B. 52,5 cm
früherer Standort	Domsakristei
jetziger Standort	Dom-Museum, Obergeschoss
Inv.-Nr.	135 A, B

Literatur

Hermann Alexander Müller, Der Dom zu Bremen und seine Kunstdenkmale, Bremen 1861, S. 41.
Katalog Focke-Museum 1979, S. 192 (dort weitere Literatur).

Missale (Messbuch), 1511 (vgl. S. 49f.)

Das lateinische Messbuch mit dem Titel »Missale secundum ritum ecclesie Bremense« (= Messbuch gemäß der in der bremischen Kirche üblichen Gepflogenheit) ist das einzige in der Dombibliothek erhaltene Buch aus der Zeit vor der Reformation. Es wurde 1511 bei Renatus Beck in Straßburg gedruckt, weil Bremen damals noch keine eigene Buchdruckerwerkstatt besaß. Das Missale enthält in lateinischer Sprache die feststehenden und wechselnden biblischen Lesetexte, Gebete und Gesänge für den Gottesdienst an Sonn-, Fest- und Heiligentagen nach der in Bremen gewohnten Ordnung. Auftraggeber war der Bremer Erzbischof Johann III. Rode, der von 1497–1511 im Amt war. Von diesem Missale existieren in Bremen nach bisherigem Kenntnisstand noch drei weitere Exemplare, eines in der Propsteikirche St. Johann und zwei in der Staats- und Universitätsbibliothek.

Für die Erforschung der bremischen Kirchen- und Musikgeschichte besonders interessant sind diejenigen Gesänge, welche speziell den in Bremen verehrten Heiligen Willehad, Ansgar und Rimbert gewidmet sind. Tauchen derartige Gebete auch in anderen mittelalterlichen Messbüchern auf, so ist dies ein Hinweis darauf, dass sie im Gebiet des Erzbistums Bremen gebraucht, ja wohl auch zusammengestellt wurden. Dies ist beispielweise der Fall bei einem Messbuch aus der Lübecker Stadtbibliothek (Ms. theol. lat. 2°3). Diese Pergamenthandschrift aus dem 12. Jahrhundert oder der Zeit um 1200 weist Liedertexte mit dazugehörigen Neumen (Vorläufer einer Notenschrift) auf, die aufgrund des berücksichtigten Heiligenkalenders auf eine Herkunft aus dem Umfeld des Bremer Doms schließen lassen. Einzelne Gesänge für Ansgar und Willehad stimmen sogar weitgehend mit den vom Bremer Domherrn Vicelinus im 12. Jahrhundert überlieferten, heute im Staatsarchiv Münster befindlichen Codextexten überein.

Der gute Erhaltungszustand des Bremer Messbuches erklärt sich aus der Tatsache, dass es nur wenige Jahre am Bremer Dom in Gebrauch war, denn im Jahre 1532 wurde der Dom im Zuge der Reformation geschlossen und 1547 zum evangelischen Gottesdienst geöffnet. Das Missale enthält zwei Holzschnitte: die Titelseite mit dem Wappen Erzbischof Johann Rodes (geflügelter Helm), ergänzt um das erzbischöfliche Wappen (zwei gekreuzte Schlüssel) und vor dem Canon Missae (»Te igitur, clementissime pater«) eine Kreuzigungsdarstellung mit Maria und Johannes neben dem Gekreuzigten, gemäß der biblischen Überlieferung im Johannes-Evangelium, Kap. 19, Vers 25–27: »Es standen aber bei dem Kreuz Jesu seine Mutter und seiner Mutter Schwester, Maria, die Frau des Kleopas, und Maria von Magdala. Als nun Jesus seine Mutter sah und bei ihr den Jünger, den er lieb hatte, spricht er zu seiner Mutter: Frau, siehe, das ist dein Sohn! Danach spricht er zu dem Jünger: Siehe, das ist deine Mutter! Und von der Stunde an nahm sie der Jünger zu sich.«

TE igitur clementiſ
ſime pater per ieſū
chriſtū filium tuū
dñm noſtrum ſup-
plices rogamus ac petimus uti
accepta habeas ⁊ benedicas hec
do✠na: hec mu✠nera: hec ſan
cta ✠ ſacrificia illibata. In pri
mis que tibi offerimus pro eccle
ſia tua ſancta katholica: quam
pacificare: cuſtodire adunare ⁊
regere digneris toto orbe terra
rum una cum famulo tuo papa
noſtro. N. et rege nr̄o. N. et an
tiſtite nr̄o. N. et om̄ibus ortho
doxis: atqꝫ katholice ⁊ apoſtoli
ce fidei cultoribus Memēto dñe

Der Urheber dieser beiden Holzschnitte konnte bisher noch nicht ermittelt werden.

Technische Daten

Herkunft	St. Petri Dom
Fundort	–
Künstler	unbekannt
Meisterzeichen	–
Kurzbeschreibung	Messbuch für den Bedarf im Erzbistum Bremen
Inschrift	Widmung des Auftraggebers Erzbischof Johann Rode
Erhaltungszustand	sehr gut
Entstehungsort	Straßburg, Druckerei Renatus Beck
Entstehungszeit	Druck: 1511
Material	Buchseiten: Papier; Einband: Leder mit Metallschließen (z.T. ergänzt)
Technik	Letterndruck in Schwarz, Hervorhebungen in Rot
Maße	H. 34 cm, B. 23 cm
früherer Standort	Dombibliothek
jetziger Standort	Dom-Museum, Obergeschoss
Inv.-Nr.	L1

Literatur

Katalog Focke-Museum 1979, S. 196.

Klaus Blum, 1200 Jahre Kirchenmusik in Bremen. 1000 Jahre Musik nach Noten. In: Hospitium ecclesiae, Bd. 15, 1987, S. 25f.

Zur Lübecker Handschrift: Heiden und Christen – Slawenmission im Mittelalter, Lübeck 2002, S. 145/146.

Eucharistiekelch des Domherrn Gerhard Brandis, vor 1518 (vgl. S. 41)

Der Kelch ist seit 1518 im Besitz der Domgemeinde und gehört zu den wenigen Kunstobjekten, die sich aus der Zeit um die Reformation erhalten haben. Grund dafür war sicherlich, dass dieser Kelch zunächst weiterhin als Messkelch in Gebrauch war und dann bei der Schließung des Doms 1532 als ein Erinnerungsstück an den Spender aufbewahrt wurde. Als Kelch mit relativ großer Schale war er auch im evangelischen Gottesdienst verwendbar und diente zusammen mit dem anderen Messkelch bei der Abendmahlsfeier.

In der ersten Inventarliste des Doms von Bauherr Gerhard Meyer aus dem Jahre 1828 sind diese beiden Kelche ausführlich erwähnt, in Bezug auf den Brandis-Kelch mit dem Zusatz, dass die Kelchschale 1824 vergrößert wurde. Dies scheint im Hinblick auf die Form des Kelches unwahrscheinlich, denn er wirkt in seiner Form »wie aus einem Guss«. Wahrscheinlich bezieht der Hinweis von Meyer sich eher auf den anderen vorhandenen vorreformatorischen Abendmahlskelch, dessen große konisch zulaufende Kelchschale entwicklungsgeschichtlich nicht zu dem vorhandenen Kelchfuß mit Kruzifix passt. Das Innere der Kelchschale des Brandis-Kelches und sein Fuß sind vergoldet. Der Fuß besteht aus einem Sechsblatt; dem entsprechen am Knauf des Kelches (Nodus) sechs rautenförmige Zierflächen (Rotuli) mit den Buchstaben JHESUS.

Die genaue Zuordnung des Brandis-Kelches zu einem bestimmten Stifter ergibt sich aus einer Inschrift auf der Unterseite des Kelchfußes: »GHERHARDVS BRANDIS DOCTOR THEOLOGIE ET CANONIC... DEDIT« (= Gerhard Brandis, Doktor der Theologie und Kanonikus hat [diesen Kelch] gestiftet). Die Inschrift passt sich in ihrem Duktus und der Wortwahl den sechs Rundungen des Fußes an; zwischen den Wörtern sind vegetabile Motive eingeschoben.

Da ein im Dom befindliches Epitaph des Domherrn Gerhard Brandis sein Sterbedatum (1518) enthält, ist davon auszugehen, dass der Kelch vor 1518 gestiftet wurde. Eine Künstlermarke ist nicht vorhanden. Der Kelch besitzt auch noch eine weitere Identifikationsquelle: das Wappen des Gerhard Brandis, wie es auch auf seinem Epitaph erscheint. Leider ist das dort abgebildete Wappenbild nicht genau zu erkennen; es könnte sich um einen angewinkelten Arm mit einem Federbusch in der Hand oder eine Schreibfeder, möglicherweise sogar mit einer Waffe handeln.

Technische Daten

Herkunft	St. Petri Dom, Silberschatz
Fundort	–
Künstler	unbekannt

Meisterzeichen	–
Kurzbeschreibung	Messkelch mit Wappen des Stifters
Inschrift	auf der Unterseite des Kelchfußes: »GHERHARDUS BRANDIS DOCTOR THEOLOGIE ET CANONIC… DEDIT« (= Gerhard Brandis, Doktor der Theologie und Kanonikus, hat [diesen Kelch] gestiftet)
Erhaltungszustand	sehr gut
Entstehungsort	wahrscheinlich Bremen
Entstehungszeit	um 1500, vor 1518 (Todesjahr des Stifters)
Material	Silber, teilweise vergoldet
Technik	Silber, getrieben (?)
Maße	H. 18 cm, Durchmesser Fuß 13,5 cm
früherer Standort	St. Petri Dom, Sakristei
jetziger Standort	Dom-Museum, Obergeschoss
Inv.-Nr.	326

Literatur

Gerhard Meyer, Einiges über die Denkwürdigkeiten der Domkirche in Bremen, 1828. Hrsg. von Dieter Hägermann, Bremen 2001, S. 21 u. 59.

Lucas Cranach d.Ä., »Der Schmerzensmann« (vgl. S. 65ff.)

Auf einem leicht gerundeten, von Steinen übersäten Boden steht Christus in ganzer Figur, nur mit einem Lendenschurz bekleidet. In seinen vor der Brust gekreuzten Händen hält er mit der Rechten einen Reisigbesen und mit der Linken zwei Geißeln mit geknoteten Lederriemen. Das nach rechts geneigte Haupt trägt eine Dornenkrone. An Händen und Füßen sind die Wundmale der Kreuzigungsnägel ebenso wie die Seitenwunde der Kreuzigung mit deutlichen Blutspuren zu sehen. Die Christusfigur wird wie von einer Gloriole von einem Engelsreigen umgeben, in dem geflügelte Engelsköpfe und Putti erscheinen. Ein dunkelgrüner Busch im Hintergrund deutet Vegetation an.

Der Bildtypus »Schmerzensmann« wird häufig mit dem Motiv »Ecce Homo« verwechselt. Bei letzterem handelt es sich um die Vorführung Christi vor dem jüdischen Volk nach der Geißelung, die von Pilatus nach der biblischen Überlieferung mit den Worten »Seht, welch ein Mensch« (»Ecce homo«, Joh. 19, 5) begleitet wird. Das Bildmotiv »Schmerzensmann«, auch »Christus im Elend«, »Erbärmdebild« oder »Misericordias domini« genannt, zeigt hingegen den gegeißelten, gekreuzigten und wiederauferstandenen Christus. Entstanden ist der Begriff »Schmerzensmann« möglicherweise in Anlehnung an einen Bibelvers bei Jesaia 53, 4-5: »Fürwahr, er trug unsere Krankheit und lud auf sich unsere Schmerzen. Wir aber hielten ihn für den, der geplagt und von Gott geschlagen und gemartert wäre. Aber er ist um unserer Missetat willen verwundet und um unserer Sünde willen zerschlagen. Die Strafe liegt auf ihm, auf dass wir Frieden hätten, und durch seine Wunden sind wir geheilt.« In der meditierenden Rezitation dieser und anderer Bibelverse mit ähnlicher Aussage angesichts dieses Bildtypus lag der Sinn und Zweck derartiger Bilderfindungen des späten Mittelalters. Sie tragen - wie auch beispielsweise die »Pietà« - die Bezeichnung »Andachtsbild«.

Das Gemälde wurde 1825 von Senator Dr. Gottlieb F. C. Horn der Domgemeinde gestiftet. Horn war von 1810-1812 Dombauherr. Leider konnten bisher keinerlei Hinweise darauf ermittelt werden, ob es sich bei dieser Spende um alten Familienbesitz oder einen Ankauf zur Weitergabe an die Domgemeinde handelt. Die Lebensumstände des Spenders legen allerdings die Vermutung nahe, dass Horn das Gemälde bei seinen vielen beruflichen Missionen in verschiedenen Gegenden Deutschlands irgendwo entdeckt und zur Verschönerung des Bremer Doms angekauft hat. Gottlieb Horn, 1772 in Braunschweig geboren, studierte in Helmstedt und Jena Jura. In Jena lernte er den späteren Bürgermeister Smidt kennen und knüpfte dadurch Kontakte zur Hansestadt Bremen. 1796/1797 weilte er beruflich in Hildesheim, 1797-1799 in Rastatt und 1801 in Berlin und Regensburg. 1802 wurde er als erster Lutheraner seit 1689 zum Bremer

Senator berufen - zuvor waren nur Anhänger der reformierten Kirche in Bremen für dieses Amt zugelassen. 1810 war er in beruflicher Mission in Hamburg. Diese vielen verschiedenen Aufenthaltsorte machen es denkbar, dass Senator Horn auf einer dieser Reisen dem Cranachbild begegnet ist und es für den St. Petri Dom erwarb.

So wurde beispielsweise im Jahre 1815 auf dem Dachboden der Nicolaikirche in Leipzig eine Anzahl von Gemälden altdeutscher Meister aufgefunden, die 1785 einer Umgestaltung der Kirche hatten weichen müssen. Zu diesen Bildern gehörten auch mehrere Arbeiten von Cranach d.Ä., darunter ein die Dreifaltigkeit darstellendes Gemälde, das in mancherlei Hinsicht Ähnlichkeit mit dem Schmerzensmann aus dem Dom-Museum aufweist. Besonders ins Auge fallend ist eine Engelsgloriole um Gottvater und Jesus Christus, die in dieser ausgeprägten Form in Cranachs Werk sonst nicht anzutreffen ist. Sie weist auffallende Ähnlichkeit mit diesem Motiv auf dem »Schmerzensmann« auf. Dieses Gemälde, wahrscheinlich eine Auftragsarbeit für die Leipziger Bruderschaft des heiligen Sebastian, wird in die Zeit um 1515 datiert.

In der Christusfigur noch näher mit dem Bremer Werk verwandt ist ein Gemälde mit dem Motiv »Schmerzensmann« in der Wörlitzer Stadtkirche. Das um 1530 (?) entstandene Werk weist besonders in der Gestaltung des Antlitzes Christi mit dem leicht geneigten Kopf und etwas geöffnetem Mund sowie der Haartracht, die das linke Ohr freilässt, eine auffallende physiognomische Ähnlichkeit mit unserem Werk auf. Übereinstimmend ist auch der Gesichtsausdruck, der einerseits Erinnerungen an den Opfertod Christi anklingen und andererseits die Überwindung des Todes durch die Auferstehung erkennen lässt.

In der Bildkomposition hingegen gibt es noch größere Übereinstimmungen mit mehreren weiblichen Aktfiguren, die Cranach in den 30er Jahren schuf. Es sind dies eine um 1530 entstandene Venus mit Amor (Staatliche Museen Berlin, Gemäldegalerie), und eine Venus mit Amor als Honigdieb von 1531 (Rom, Galleria Borghese) und eine Venus von 1532 (Städelsches Kunstinstitut, Frankfurt/Main). Auf all diesen Gemälden stehen die Figuren ohne weiteres schmückendes Beiwerk wie der Bremer Schmerzensmann auf einem mit großen und kleinen Steinen übersäten Boden, der sich wie eine leicht gerundete Scheibe unter ihren Füßen wölbt. Diese Art der Konzentration auf das Wesentliche - die menschliche Figur mit ihrem jeweiligen mythologischen oder religiösen Hintergrund - ohne ablenkende landschaftliche Einbindung lässt diese thematisch so ganz anders gearteten Gemälde aus den 30er Jahren entstehungsgeschichtlich zusammenrücken.

Für die genauere Datierung kommt im Falle unseres Schmerzensmannes der Signatur des Gemäldes eine gewisse Bedeutung zu; sie zeigt die typische Cranach-Schlange mit nach hinten gesenktem Flügel. Dies spricht für eine Entstehung nach 1537. Ab diesem Jahr, dem Todesjahr seines Sohnes Hans, wandelte Cranach seine Signatur ab von der

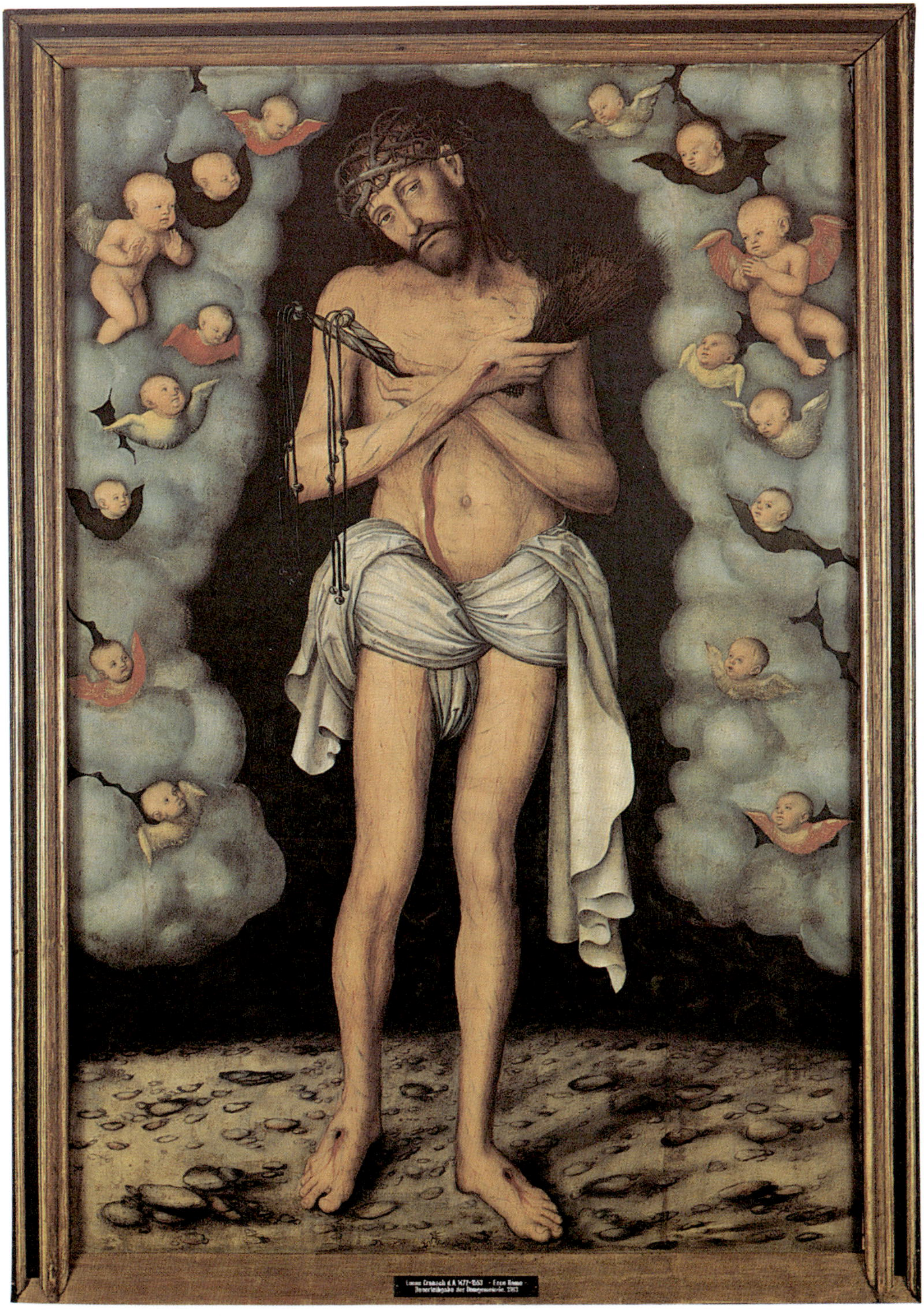

Schlange mit senkrecht aufragendem Flügel in jene mit nach hinten gesenktem Flügel.

Hinsichtlich der künstlerischen Zuordnung zu den drei Cranachs (Lucas senior und junior sowie Hans) gibt es unterschiedliche Auffassungen. Der Bremer Kunsthallendirektor Waldmann hielt das Bild für ein von Cranachs Sohn Hans begonnenes und nach dessen Tod von seinem Vater nach 1537 vollendetes Gemälde. Friedländer/Rosenberg schätzen das Gemälde hingegen als eine Schöpfung von Lucas Cranach d.J. ein. Man wird diese Frage wohl kaum befriedigend klären können, da die Ähnlichkeiten im Stil sehr groß sind und eine Trennung in Meister und Schüler bzw. Werkstatt schwer fällt. Vielleicht trifft man es am ehesten, wenn man davon ausgeht, dass in der großen Cranach-Werkstatt ein solches Bild nach einem Entwurf Lucas Cranach d.Ä. in den späten 30er Jahren von der Künstlergemeinschaft in der Werkstatt vollendet wurde.

Technische Daten

Herkunft	gestiftet 1825 von Senator Dr. Gottlieb F. C. Horn
Fundort	–
Künstler	Lucas Cranach d.Ä. und Werkstatt
Meisterzeichen	Signatur »geflügelte Schlange« in der unteren Bildmitte
Kurzbeschreibung	Lebensgroße Darstellung Christi als Schmerzensmann
Inschrift	–
Erhaltungszustand	sehr gut
Entstehungsort	wahrscheinlich Wittenberg
Entstehungszeit	nach 1537
Material	Nussbaumholz
Technik	Öl auf weiß grundiertem Nussbaumholz
Maße	H. 170 cm, B. 110,5 cm
früherer Standort	St. Petri Dom, 1903–1995 Leihgabe an Kunsthalle Bremen
jetziger Standort	Dom-Museum, Obergeschoss
Inv.-Nr.	495

Literatur

Meyer, a.a.O., S. 64/65.

Emil Waldmann, Ein lebensgroßer Schmerzensmann von Cranach in der Kunsthalle zu Bremen. In: Zeitschrift für Bildende Kunst, Bd. 20, 1909, S. 109–110.

Max J. Friedländer/Jacob Rosenberg, Die Gemälde von Lucas Cranach, Basel/Stuttgart 1979, Nr. 3911.

Corinna Höper, Katalog der Gemälde des 14. bis 18. Jahrhunderts in der Kunsthalle Bremen, Bremen 1990, S. 107 (dort ausführliche weitere Literatur).

Günter Schuchardt, Lucas Cranach d.Ä. – Orte der Begegnung, Leipzig 1994.
Hans Henry Lamotte, »Zum Raum wird hier die Zeit« – Gedanken zum Bild des Lucas Cranach d.Ä. »Der Schmerzensmann«. In: Domnachrichten 4/1995, S. 11–12.
Herwig Guratzsch (Hrsg.), Vergessene altdeutsche Gemälde, Heidelberg 1997, S. 50f.
Werner Schade, Lucas Cranach – Glaube, Mythologie und Moderne, o.O. u. J. (Hamburg 2003).

Porträt Albert Rizäus gen. Hardenberg (um 1510–1574) (vgl. S. 50ff.)

Das Gemälde zeigt den ersten evangelischen Prediger am St. Petri Dom, Albert aus Rheeze (daher »Rizäus«) im Amt Hardenberg/Niederlande. Er wurde um 1510 geboren und in Groningen bei den »Brüdern vom gemeinsamen Leben« erzogen, einer aus der »Devotio moderna« hervorgegangenen, am Humanismus orientierten religiösen Erneuerungsbewegung. Hardenberg studierte an der Universität in Löwen (heute Belgien) und wurde 1539 in Mainz promoviert. 1547 wurde Albert Rizäus, damals Feldprediger im Schmalkaldischen Bund, vom Senior der Bremer Domherren, Graf Christoph von Oldenburg, als neuer Geistlicher für den St. Petri Dom vorgeschlagen. Der amtierende Erzbischof Christoph, wiewohl nach wie vor Anhänger des alten Glaubens, hatte keinerlei Machtbefugnisse mehr und ließ die Domherren gewähren.

Da Hardenbergs theologische Überzeugung jedoch, wie sich alsbald herausstellte, nicht mit den übrigen Bremer Predigern übereinstimmte – insbesondere hinsichtlich der Abendmahlslehre gab es Differenzen –, wurde er nach langwierigen Auseinandersetzungen seines Amtes enthoben und musste 1561 die Stadt verlassen. Er ging nach Emden und wirkte dort als Prediger an der Großen Kirche. Durch ihn fand die reformierte Kirche in Ostfriesland Eingang; Hardenberg hing eher den Glaubensvorstellungen des Schweizer Theologen Calvin an, der im Gegensatz zu Luther nicht die leibliche Präsenz Christi im Abendmahl verkündigte, sondern von einer nur mehr geistigen Gegenwart ausging.

Das Gemälde zeigt Albert Rizäus Hardenberg als Brustbild im Dreiviertelprofil von rechts. Er trägt einen langen rötlich-braunen Bart, der in zwei Strähnen auf die Brust reicht, und einen Oberlippenbart. Gekleidet in ein dunkles Obergewand und mit dem typischen schwarzen Barett des Gelehrten der Lutherzeit, blickt Hardenberg den Betrachter aufmerksam forschend entgegen. Vor dem dunklen Hintergrund, der mit einer hellbraunen Inschrift versehen ist, bildet nur der weiße gekräuselte Spitzenkragen an seinem Halsausschnitt einen gewissen farblichen Kontrast.

Die Inschrift, eine Lobrede auf den Dargestellten, beginnt an der linken Bildseite und läuft in zwei Reihen oben und seitlich um das Haupt Hardenbergs herum. Sie lautet:

»Sic faciem Albertus tulit Hardenbergius, ille
Adsertor veri maximus, ille boni
Hunc ingrata tuis pepulisti moenibus olim,
Tanti indigna tui Patria, depositi
Pone perenne Viro nunc signum quo magis ullus.
Nec de te meruit, nec meriturus erit.
T.d.H.«

Hunc ingrata tuis pepulisti moenibus olim
Tanti indigna tui Patria, deposit

»Dies ist das Bild des Pfarrers Albert Hardenberg.
Heldisch hat stets er gekämpft, stets
für die Wahrheit, das Recht.
Heimat, du hast deinen Sohn aus der Stadt
voll Undank verstoßen,
Warst seiner nicht wert, den du ins
Elend geschickt.
Stifte ein dauerndes Mal dem Manne,
denn keiner war größer,
Hat dir treuer gedient, kann es
eh und je tun.«
(Übersetzung Hans Atzrott [†], Fischbeck)

Hinter der Abkürzung T.d.H. verbirgt sich höchstwahrscheinlich Theodor de Hase (1718–1789), ein Sohn des reformierten Predigers an der Kirche Unser Lieben Frauen in Bremen, der in der Mitte des 18. Jahrhunderts in Groningen gleichfalls Theologie studierte. Diese Inschrift kann bei der zeitlichen Einordnung unseres Gemäldes helfen. Sie erscheint auch unter einem gestochenen Hardenberg-Porträt, das als eine der Illustrationen in der Sammlung von Daniel Gerdes »Historia mutuum ecclesiasticorum in civitate Bremensi ab anno 1547 usque ad annum 1561 tempore Alberti Hardenbergii suscitatorum ...« (Geschichte der zur Zeit von Albert Hardenberg aufgebrochenen kirchlichen Gegensätze in der Stadt Bremen vom Jahre 1547 bis zum Jahre 1561 ...«) 1756 in Groningen erschienen ist.

Der Stich stimmt (als seitenverkehrt wiedergegebene Graphik) weitgehend mit dem Gemälde aus dem Dom-Museum überein. Damit ist eine zeitliche Einordnung für Gemälde und Stich in die Mitte des 18. Jahrhunderts nahe liegend. Es ist allerdings zu vermuten, dass beide – Gemälde und Stich – ihrerseits ein noch älteres Vorbild haben; es könnte vielleicht in dem Hardenberg-Porträt von Martin Faber aus dem Jahre 1616 (ursprünglich für das Emdener Rathaus gemalt, heute in der Johannes a Lasco Bibliothek in Emden) erhalten sein. Die Forschung geht allerdings davon aus, dass auch dieses Bild nur eine Kopie eines noch älteren, möglicherweise noch zu Lebzeiten Hardenbergs entstandenen Porträts ist.

Technische Daten

Herkunft	vermutlich Stiftung, Stifter unbekannt
Fundort	–
Künstler	unbekannt
Meisterzeichen	–
Kurzbeschreibung	Porträt des Dompredigers Hardenberg mit Widmung
Inschrift	Sic faciem Albertus tulit Hardenbergius, ille Adsertor veri maximus, ille boni

	Hunc ingrata tuis pepulisti moenibus olim, Tanti indigna tui Patria, depositi Pone perenne Viro nunc signum quo magis ullus. Nec de te meruit, nec meriturus erit. T.d.H.
Erhaltungszustand	gut
Entstehungsort	unbekannt
Entstehungszeit	wohl Mitte des 18. Jahrhunderts
Material	Leinen
Technik	Öl
Maße	H. 42,5 cm, B. 28,5 cm
früherer Standort	St. Petri Dom, Sakristei
jetziger Standort	Dom-Museum, Obergeschoss
Inv.-Nr.	352

Literatur

Dietsch a.a.O., S. 181f.

W. Janse, Albert Hardenberg als Theologe. Profil eines Bucer-Schülers. Studies in the History of Christian Thought, Bd. 57, Leiden/New York/Köln 1994.

Friedrich Seven, Niederländische Einflüsse auf die 1. und 2. Reformation in Bremen. In: Bremen und die Niederlande. Jahrbuch 1995/96 der Wittheit zu Bremen. Bremen 1997, S. 62–74.

Kunst und Bürgerglanz in Bremen. Porträts seit 1600. Bremen 2000, S. 30 u. 143.

Peter Ulrich, Zu der Abbildung des Porträts von Albert Rizäus Hardenberg. In: Hospitium Ecclesiae, Bd. 22, Bremen 2003, S. 39–41.

Wim Janse, Albert Rizäus Hardenberg und sein Wirken als Domprediger, 1547–1561. In: Hospitium Ecclesiae, Bd. 22, Bremen 2003, S. 43–53.

Epitaph Gerhard Vaget, nach 1567 (vgl. S. 35ff.)

Das Epitaph des 1567 verstorbenen letzten Abtes des Bremer Paulsklosters zeigt die Auferstehung Christi (Detail des Epitaphs): Überfangen von einem kassettierten Rundbogen entsteigt Christus wie ein Triumphator dem Grab, während sieben Grabwächter erschrocken zusammenfahren und sich vor der blendenden Lichtgestalt mit ihren Schilden zu schützen suchen. Die Darstellung Christi als eine athletische Figur spiegelt die Auffassung der Renaissance wider, die in Christus nicht mehr nur den leidenden, sondern vor allem den sieghaften Sohn Gottes sah, der in der Auferstehung den Tod überwunden hat. Diese in der spätmittelalterlichen/frühneuzeitlichen Kunst sehr häufige Darstellung könnte in der hier vorliegenden Ausbildung durch den 1510 entstandenen Kupferstich der Auferstehung Christi von Albrecht Dürer (Große Passion) beeinflusst sein.

Die Auferstehungsdarstellung ist in einen Architekturrahmen eingespannt: Rechts und links rahmen zwei Pilaster die Mittelszene, die einen Architrav mit einer zur Darstellung passenden Inschrift tragen (Inschrift 1). Der Architrav wiederum trägt einen flachen Segmentbogen mit dem Wappen des Toten (ein Fuchs), darüber ein weiterer kleiner Aufbau, die Ädikula mit figürlichem Schmuck (ein Adler mit ausgebreiteten Flügeln, von Putten mit gesenkten Fackeln gerahmt) Im Sockelbereich unterhalb der figürlichen Darstellung, von Hermen eingefasst, der eigentliche Epitaphtext (Inschrift 2).

In seiner äußeren Form mit dem vielgestaltigen Aufbau aus unterschiedlichen Architekturteilen hat dieses Epitaph eine Vorbildwirkung für viele spätere Dom-Epitaphe gehabt, denn es enthält Gestaltungselemente, die sich für mehrere Jahrzehnte als verbindlich für viele Epitaphe erweisen sollten. Aufgrund seiner Stilformen wird das Vaget-Epitaph einem Steinbildhauer namens Hans Winter zugeschrieben, über dessen Lebensumstände allerdings nur wenig bekannt ist. Wahrscheinlich von außerhalb - möglicherweise aus Bielefeld - nach Bremen eingewandert, wird er erstmalig bei seiner Einbürgerung 1589 aktenkundig. Offenbar lag sein Arbeitseinstieg in Bremen da schon zwei Jahrzehnte zurück, so dass zu vermuten ist, dass er viele Jahre in einer anderen Werkstatt als Geselle mitarbeitete. Vorbild für die Gestaltung der Epitaphe jener Werkstatt waren die Arbeiten der Niederländer Cornelis Bos und Cornelis Floris.

Technische Daten

Herkunft	St. Petri Dom, Mittelschiff, Südseite, 2. Pfeiler von Westen
Fundort	–

Künstler	Zuschreibung an die Werkstatt von Hans Winter
Meisterzeichen	–
Kurzbeschreibung	Epitaph mit der Darstellung von Christi Auferstehung
Inschrift 1	EGO SUM RESURRECTIO ET VITA QUI CREDIT IN ME ETIAM SI MORTUUS FUERT VIVET JOH. II (Ich bin die Auferstehung und das Leben, wer an mich glaubt, der wird leben, ob er gleich stürbe. Joh. 11, 25.)
Inschrift 2	REVERENDUS DOMINUS GERHARDUS VAGET, ABBAS DIVI PAULI QUONDAM MONASTERII QUI FIDE IN CHRISTUM FIRMA ET CERTA RESURRECTIONIS SPE VITA DECESSIT DIE ECLIPTICO IX APRILIS ANNO 1567 HIC CONDITUR (Der verehrungswürdige Herr Gerhard Vaget, Abt des einstigen Klosters zum seligen Paulus, der in festem Glauben an Christus und in sicherer Hoffnung auf die Auferstehung am 9. April 1567, einem Tag mit Verfinsterung am Himmel, aus dem Leben schied, ist hier beigesetzt)
Erhaltungszustand	gut
Entstehungsort	vermutlich Bremen
Entstehungszeit	um 1567
Material	Sandstein
Technik	Hochrelief
Maße	H. 2,35 m; B. 1,34 m
früherer Standort	zeitweilig Kapitelhaus, Depot
jetziger Standort	Dom-Museum, Erdgeschoss
Inv.-Nr.	178

Literatur

Meyer, a.a.O., S. 84.

Dettmann, a.a.O., S. 112.

Börtzler a.a.O., S. 193.

Ingrid Weibezahn, Grabsteine und Epitaphien im Bremer Dom. Kunsthistorische Denkmale von der Romanik bis zum Barock. In: Hospitium ecclesiae, Bd. 21, 1997/98, S.102–104.

Heinrich Elsner/Marianne Schwebel, Gerhard Vaget, † 1567. In: Blätter der »Maus«. Gesellschaft für Familienforschung e.V. Bremen. 22. Heft/März 2000: Die Gräber im St. Petri Dom, S. 32–35.

Peter Ulrich, Zur Geschichte der Begräbniskultur in Bremen. In: Feste und Bräuche in Bremen. Beiträge zur Kultur- und Sozialgeschichte der Hansestadt. Jahrbuch 1999/2000 der Wittheit zu Bremen. Bremen 2000, S. 47 –56.

»Schauer«gefäß der St. Jacobi-Brüderschaft, um 1600 (vgl. S. 69f.)

Das Grab des heiligen Jacobus des Älteren (Jacobus Major) in Santiago de Compostela (Spanien) wurde im Mittelalter nach Jerusalem und Rom zum bedeutendsten Wallfahrtsort Europas. Nach dem Bericht von Adam von Bremen brachte Erzbischof Adalbert in der Mitte des 11. Jahrhunderts die Hand des heiligen Jacobus als kostbare Reliquie aus Italien an den St. Petri Dom und sorgte damit für eine besondere Verehrung des Heiligen auch in Bremen.

Eine in Bremen aus diesem Grunde im 15. Jahrhundert gegründete »Sancti Jacobi-Brüderschaft« versorgte damals durchreisende Pilger, die von hier aus ihre Reise zu Fuß oder per Schiff fortsetzten. Diese Brüderschaft existiert noch heute. Ihr Anliegen ist es jetzt, unverschuldet in Not geratene Kaufleute im Alter zu unterstützen. Eine zweite, im 17. Jahrhundert in Bremen gegründete »Bruderschaft Sancti Jacobi Maioris« hat sich die Betreuung von Witwen und Waisen zum Ziel gesetzt.

Eines der kostbaren Traditionsgeräte der St. Jacobi-Brüderschaft ist der hölzerne »Schauer«, ein Trinkgefäß vermutlich aus dem Ende des 16. Jahrhunderts. Dabei handelt es sich um einen gedrechselten Pokal mit silbernem Lippen- und Fußrand und drei kleinen auf dem Fuß verteilt angebrachten Silberwappen. Im Inneren des Behälters befindet sich eine zweite, ebenfalls gedrechselte, abnehmbare kleinere Holzschale, die ihrerseits in der Mitte ein drittes kleines Holzbehältnis birgt, auf dem ein silbernes Jacobusfigürchen thront. Zweck dieses Gefäßes mit der sinnreichen Einteilung war die Aufnahme eines heißen Gewürzweines. Der Schauer wurde früher bei den Zusammentreffen der Mitglieder der St. Jacobi-Brüderschaft in feierlicher Zeremonie zum Kredenzen des Begrüßungstrunkes von Bruder zu Bruder weitergereicht; in unseren Tagen bildet der Schauer bei den Zusammenkünften der St. Jacobi-Brüderschaft einen kostbaren Tischschmuck.

Der Begriff »Schauer« wird offenbar von einer alten Eintragung in einem Wappenbuch von 1680 hergeleitet, in dem das Gefäß als »Alter Holtzern gedreheter [also gedrechselter] Schauwert« bezeichnet wird. Mit der Benennung »Schauwert« sollte sicherlich die Bedeutung dieses Geräts auch für »Schauzwecke« angedeutet werden, ähnlich den in der Regel aus Silber hergestellten Prunkpokalen jener Zeit. Die Beschreibung bezieht sich auf eine noch ältere Erwähnung aus dem Jahre 1603. Die im silbernen Lippen- und Fußrand erwähnten Namen nehmen offenbar auf die Stifter dieses Geräts Bezug, deren ältester - wenn die Zuordnung korrekt ist - der Brüderschaft im Jahre 1589 angehörte. Damit rückt die mögliche Entstehungszeit dieses Pokals noch einige Jahre zurück ins 16. Jahrhundert. Denkbar und sehr nahe liegend ist es, dass der Schauer nach einigen Jahren des Gebrauchs mit einem silbernen Lippenrand zum Schutz vor (weiterer) Abnutzung versehen wurde und dass bei dieser Gelegenheit auch die Stifternamen eingraviert und außerdem der Fußrand und die drei kleinen Wappenschilde auf dem Fuß angebracht wurden.

Technische Daten

Herkunft	Leihgabe der St. Jacobi-Brüderschaft, Bremen
Fundort	–
Künstler	unbekannt
Meisterzeichen	–
Kurzbeschreibung	Holzpokal mit silbernem Lippen- und Fußrand, im Inneren zwei herausnehmbare hölzerne Einsätze
Inschrift	Namen der Stifter (vgl. Löhr a.a.O.)
Erhaltungszustand	gut
Entstehungsort	vermutlich Bremen
Entstehungszeit	um oder vor 1600
Material	Holz mit silbernem Lippen- und Fußrand, der mit eingravierten Namen und Hauszeichen versehen ist, am Fuß drei silberne Wappen
Technik	Holz, gedrechselt
Maße	H. 25 cm Durchmesser oberer Rand der Kuppa 19,7 cm Durchmesser mittleres Innengefäß 10,5 cm Durchmesser kleines Innengefäß 4,3 cm Durchmesser Fuß 13,8 cm H. Jacobusfigürchen 4,5 cm, mit Silbersockel 5,5 cm
früherer Standort	–
jetziger Standort	Dom-Museum, Obergeschoss
Inv.-Nr.	–

Literatur

Götz Ruempler, Der Pilgerapostel Jacobus Major und seine Beziehungen zu Bremen. In: Heimat und Volkstum, Bremer Beiträge zur niederdeutschen Volkskunde 1964/65, S. 97–104.

Löhr, Silber a.a.O., S. 53 (ausführliche Würdigung, Skizze und weitere Literatur).

Johann Georg Kohl, Die alten Brüderschaften in Bremen, bearbeitet von Karl Mahlert, Bremen 1996.

GRVNINGES
IOHAN
IOHAN
KOEPKEN
GOERDT
MESTMAKER
GERDT

Domgesangbuch, 1703 (vgl. S. 64f.)

Verschiedene Einträge von früheren Besitzern machen das Gesangbuch über seine eigentliche Bestimmung als Liedersammlung zu einem Dokument der Domgeschichte. Auf dem Vorsatzblatt (rechts) ist eingetragen »Godofred Wolpmann, Anno 1709 d. 20. August«. Dabei könnte es sich um einen Sohn von Franz Wolpmann handeln, der von 1694–1699 Domprediger war und 1699 im Dom begraben wurde.
Auf der linken Seite des Vorsatzblattes sind, wohl von der Hand Wolpmanns, die vier verschiedenen Abschnitte des Gesangbuches eingetragen:

1 Kirchen Gesänge Br. 703 [Bremen 1703]
2 Geistreiche Kirchen Gebet. Br. 703
3 Epistula und Evangelia. Br. 703
4 Kern aller Gebete. Br. 703

Darunter, von anderer Hand, die Initialen »J.P.C.«.
Hierbei könnte es sich um Johann Philipp Cassel (1707–1783) handeln, ein sehr vielseitiger Gelehrter, der in Bremen u.a. als Gymnasialprofessor wirkte. Offenbar hatte er das Gesangbuch später im Besitz. Wie es dann wieder in den Bestand der Dombibliothek zurückkehrte, ist unbekannt.

Technische Daten

Herkunft	St. Petri Dom
Fundort	–
Künstler	unbekannt
Meisterzeichen	–
Kurzbeschreibung	historisches Gesangbuch
Inschrift/Titel	Öffentliche Kirchen-Gesänge / Zum heilsamen Gebrauch der evangelischen Gemeine Christi An der Königl. Schwedischen Haupt- und Domkirchen St. Petri / in Bremen / In dieser sehr bequemen Form mit zweyen Registern und kurtzen Gebet-Buch verfasset, Verlag Hermann Brauer, Bremen 1703
Erhaltungszustand	gut
Entstehungsort	Bremen
Entstehungszeit	1703
Material	Papier, Einband Pappe
Technik	eng bedrucktes Papier mit vier aufwändig gestalteten Titelseiten für die einzelnen Abschnitte
Maße	L. 14,7 cm, B. 6,9 cm, Stärke 4,3 cm
früherer Standort	Dombibliothek
jetziger Standort	Dom-Museum, Obergeschoss
Inv.-Nr.	E 19

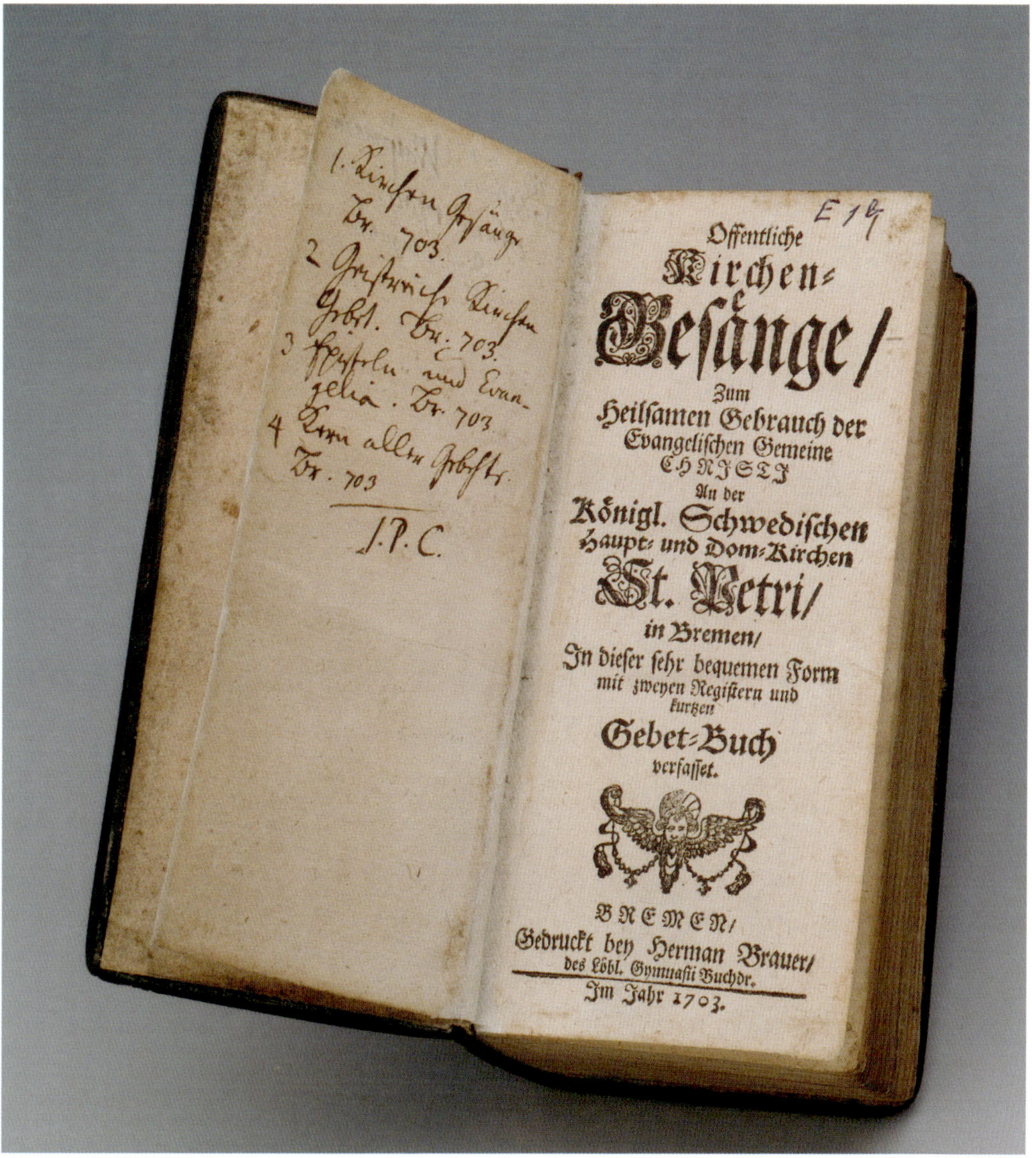
Offentliche
Kirchen-
Gesänge/
Zum
Heilsamen Gebrauch der
Evangelischen Gemeine
CHRISTI
An der
Königl. Schwedischen
Haupt- und Dom-Kirchen
St. Petri/
in Bremen/
In dieser sehr bequemen Form
mit zweyen Registern und
kurtzen
Gebet-Buch
verfasset.
BREMEN/
Gedruckt bey Herman Brauer/
des Löbl. Gymnasii Buchdr.
Im Jahr 1703.

Literatur

Lobe den Herren ... 1680–1980. Bremer Gesangbücher und Kirchenlieddichter. Ausstellung im Bremer Landesmuseum, Katalog, hrsg. von Ortwin Rudloff, Bremen 1980, S. 16.

Klingelbeutel, 1760 (vgl. S. 45)

Unter dem Begriff Klingelbeutel versteht man einen Sammelbeutel für das Kollektengeld; der Begriff leitet sich von der kleinen Schelle ab, die am Haltegriff des Klingelbeutels befestigt ist und durch die Bewegung des Klingelbeutels beim Durchreichen durch die Gestühlsreihen während der Kollekte »klingelt«.

Bei der Domgemeinde haben sich Klingelbeutel des 18. und 19. Jahrhunderts erhalten. Der hier genannte Klingelbeutel besteht aus einem Beutel aus rotem Samt, der mit Goldstickerei (symmetrische stilisierte Blumenranken) versehen ist. Am Beutelboden gibt es eine aufgenähte Goldtresse und eine verzierte Goldquaste. Der Beutel besitzt ein Innenfutter aus Leder.

Der Beutelring besteht aus Silber und ist mit einer Palmettenmusterung versehen. Die Meistermarke weist auf Martin Fischer, Meister in Bremen ab 1738. Eine Gravur gibt die Entstehung mit »Ao. 1760« an. Der Beutel wurde zur Domeinweihung nach der großen Domrestaurierung am 27.9.1901 zum letzten Mal im Gottesdienst gebraucht.

Technische Daten

Herkunft	möglicherweise von Gemeindeglied gestiftet
Fundort	–
Künstler	Martin Fischer (tätig 1738–1786)
Meisterzeichen	Delfin (für Martin Fischer)
Kurzbeschreibung	bestickter Beutel aus rotem Samt mit silbernem Rand
Inschrift/Titel	Ao. 1760
Erhaltungszustand	sehr gut
Entstehungsort	Bremen
Entstehungszeit	1760
Material	Beutel: roter Samt mit Goldstickerei, Beutelring: Silber; Beschaumarke: Bremer Schlüssel
Technik	Beutel genäht und bestickt; Beutelring mit Silbertülle und Glöckchen; Palmettenmuster in Treibarbeit
Maße	L. 20 cm; Durchmesser Beutelring 9 cm
früherer Standort	von 1901 bis 1986 Leihgabe der St. Petri Domgemeinde an das Focke-Museum
jetziger Standort	Dom-Museum, Obergeschoss
Inv.-Nr.	381 A

Literatur

Löhr, Silber a.a.O., Nr. 129, S. 101.

Altarleuchter, 1846/47 (vgl. S. 43ff.)

1846 stiftete Domgemeindeglied J. H. Kruse das Geld zur Anfertigung von vier silbernen Altarleuchtern für den 1840 angeschafften neugotischen Hochaltar. Alle vier Altarleuchter haben die Form eines sich nach oben verjüngenden achtkantigen Pfeilers, in dessen ionisierendem und mit geflügelten Engelsköpfchen versehenem Kapitell die Kerzenhalterung eingetieft ist. Ein runder, mit Zacken versehener Teller mit kreisförmiger Öffnung für die Kerze fängt das herablaufende Wachs auf. Das achteckige Pfeilerpostament ruht auf einem flachen Sockel, dessen Grundfläche ein unregelmäßiges Achteck bildet; vier der Seiten des Postaments sind mit stilisierten Rankenmotiven verziert. Oberhalb des Postaments sind im rechten Winkel zueinander vier Säulchen mit kleinen Kapitellen angebracht, die als Postamente für Silberfigürchen dienen. Oberhalb der Figürchen bilden hohe, spitze Fialen jeweils einen Baldachin.

Die Silberfigürchen konnten als Nachbildungen der Apostelfiguren vom spätmittelalterlichen Sebaldusgrab in der Nürnberger St. Sebalduskirche identifiziert werden, welches Anfang des 16. Jahrhunderts von den Nürnberger Bildhauern und Erzgießern Vater und Sohn Peter Vischer d.Ä. (um 1460-1529) und Peter Vischer d.J. (1487-1528) geschaffen worden war. Dieses Grab wurde im frühen 19. Jahrhundert durch eine Buchveröffentlichung mit Illustrationen sehr bekannt und regte manchen Künstler zur Nachschöpfung der Figuren an.

In Bremen war es der Dombaumeister Wetzel, der den Entwurf für die Leuchter lieferte. Bei den Figürchen musste sich der Künstler offenbar auf eine Vorlage verlassen, die nur einen Teil der Apostel abbildete, denn anstelle der in Nürnberg vorgegebenen zwölf Jünger sowie der Apostel Paulus, Markus, Lukas und Barnabas - womit die für vier Leuchter erforderliche Zahl von 16 erreicht wäre - gestaltete der Künstler nur zehn verschiedene Figuren in unterschiedlichen Zusammenstellungen, von denen er sechs doppelt verwendete. Es erscheinen zweimal die Apostel Petrus (mit Buch und Schlüssel), Paulus (mit Schwert), Johannes Evangelist (mit Kelch), Jacobus d.Ä. (mit Pilgerstab und Muschel), Thomas (Winkelmaß) und Judas Thaddäus (mit Hellebarde); jeweils nur einmal die Apostel Simon Zelotes (mit Säge), Jacobus d.J. (mit Walkerstange), Philippus (mit Geißel) und Matthäus (Messstab).

Technische Daten

Herkunft	gestiftet von Domgemeindeglied J. H. Kruse
Fundort	–
Künstler	Werkstatt Drewes und Wilmans
Meisterzeichen	Werkstatt Drewes und Wilmans, tätig 1837–1861, und der Bremer Schlüssel

Kurzbeschreibung	vier schlanke Altarleuchter in gotisierender Gestalt (ausgestellt nur zwei Leuchter)
Inschrift	Auf allen vier Leuchtern übereinstimmend: »Vermaechtnis des seligen Johann Heinrich Kruse geboren in Bremen am 14. Sept. 1768 gestorben daselbst am 17. Sept. 1846«
Erhaltungszustand	sehr gut
Entstehungsort	Bremen
Entstehungszeit	1846/47
Material	Silber, Leuchterkorpus 13-lötig (entspr. 800er Silber); Figuren 14-lötig (entspr. 835er Silber)
Technik	Silber, gegossen, graviert
Maße	H. 91 cm; Durchmesser Tropfteller 15,5 cm Sockel: Längs- und Querseiten 18 cm, Diagonalseiten 9,5 cm
früherer Standort	St. Petri Dom, Hochaltar
jetziger Standort	Dom-Museum, Obergeschoss
Inv.-Nr.	323 A – D (im Museum ausgestellt nur A u. B)

Literatur

Protokolle der Bauherrensitzungen 1846–1857 (Domarchiv) S. 18, 21.

Inventar der St. Petri Domkirche, 1848, S. 1.

E. Ehrhardt, Inventar der bremischen Bau- und Kunstdenkmäler. Die St. Petri Domkirche, Bremen 1922 (Manuskript), S. 84.

Alfred Löhr, Bremer Silber von den Anfängen bis zum Jugendstil. Hefte des Focke-Museums, Band 59, Bremen 1982, S. 102.

Silberschale der Domdiakonie, 1905 (vgl. S. 72ff.)

1905 stiftete Johann H. Adami, der 1884 in das Diakonenkollegium gewählt worden war, der St. Petri Domdiakonie eine große Silberschale, die als Jardinière Verwendung fand. Die Schale ist in Jugendstilformen gestaltet mit ovalem Umriss und zwei Griffen mit Außenschwung und schmaler Doppelung. Vier nach außen geschwungene Füße mit Palmettenverzierung tragen die Schale. Eine Sockelleiste mit geometrischen und rein dekorativen Rankenmotiven verziert in ca. 2 cm Breite das Äußere, am oberen Rand korrespondiert ein Rankenmotiv von ca. 1 cm Breite.

Die Schale weist auf Vorder- und Rückseite in der Mitte je einen breiten, leicht gewölbten Schild mit floraler Bekrönung zur Aufnahme von Inschriften und einer Illustration auf. Die »Sitten und Gebräuche« der St. Petri Domdiakonie regeln, dass die Silberschale mit Blumen geschmückt stets bei der Gründonnerstagsgesellschaft, der Februargesellschaft (Semestergesellschaft) und der Novembergesellschaft möglichst auf dem Tisch des Seniors der Diakonie aufzustellen ist.

Technische Daten

Herkunft	Leihgabe der St. Petri Domdiakonie
Fundort	–
Künstler	Werkstatt Fa. Wilkens
Meisterzeichen	Wilkens, Nr. 16 00 80
Kurzbeschreibung	silberne Blumenschale in Jugendstilform mit Gravur des St. Petri Domes nach der Restaurierung 1901 (Vorderseite); herausnehmbarer Kupfereinsatz
Inschrift	»Der Diaconie der St. Petri Domkirche gewidmet von Joh. H. Adami, Bremen, Gründonnerstag 1905«
Erhaltungszustand	sehr gut
Entstehungsort	Bremen
Entstehungszeit	1905
Material	Silber, gestempelt 800
Technik	Silber, gegossen, graviert
Maße	L. mit Griffen 53 cm (ohne Griffe 34 cm), B. 19 cm, H. 16 cm, Inschriftschild 11 x 11 cm
früherer Standort	–
jetziger Standort	Dom-Museum, Obergeschoss
Inv.-Nr.	–

Literatur

Richard Rüthnick und Kurd Schulz, Die Diakonie der St. Petri Domkirche zu Bremen, Bremen 1963.

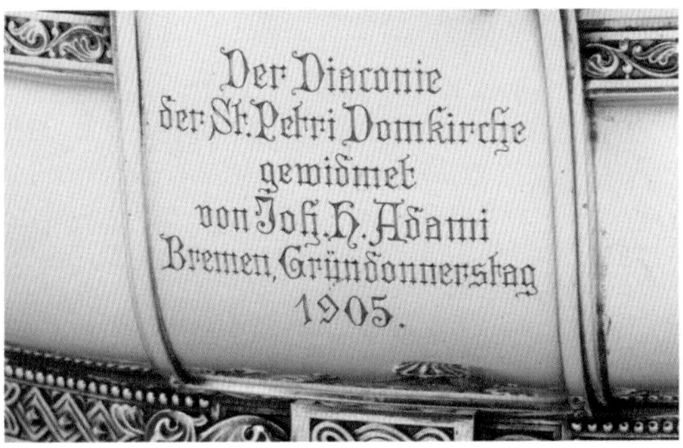
Der Diaconie
der St. Petri Domkirche
gewidmet
von Joh. H. Adami
Bremen, Gründonnerstag
1905.

Verzeichnis der Abkürzungen in den Literaturangaben

Abramzik	Günther Abramzik, Der St.-Petri-Dom in Bremen, Bremen 1989.
Ärkebiskoparna	Ärkebiskoparna från Bremen. En textilarkeologisk undersökning, hrsg. von Margareta Nockert u. Eva Lundwall, Stockholm 1986.
Börtzler	A. Börtzler, Lateinische Inschriften Bremens. Schriften der Wittheit zu Bremen, Reihe 20, H. 1, Bremen 1952.
Bosse/Lamotte	Johann Christian Bosse/Hans Henry Lamotte, Der Dom zu Bremen, Königstein 1989.
Brandt, 1976ff.	Karl Heinz Brandt, Neue Ausgrabungen und Funde in der Freien Hansestadt Bremen. Bremisches Jahrbuch 1976ff. (jährliche Arbeitsberichte).
Brandt, 1982	Friedrich Schumacher/Karl Heinz Brandt, Der Dom zu Bremen. Wiederherstellung und Ausgrabungen 1972–1982. Bremen 1982.
Brandt, 1985	Karl Heinz Brandt (Hrsg.), Ausgrabungen im St. Petri Dom zu Bremen. Bd. 1: Winfrid Henke, Anthropologische Untersuchungen der menschlichen Skelettreste, Stuttgart 1985.
Brandt, 1988	Karl Heinz Brandt, Ausgrabungen im St. Petri Dom zu Bremen. Bd. 2: Die Gräber des Mittelalters und der frühen Neuzeit. Stuttgart 1988.
Brandt, 1999	Karl Heinz Brandt, Bemerkung zur Datierung und Identifizierung erzbischöflicher Grablegen im Bremer St. Petri Dom. In: Bremisches Jahrbuch, Bd. 78, 1999, S. 23–41.
Dettmann	Gerd Dettmann, Die Steinepitaphien der bremischen Kirchen und die bremische Bildhauerkunst der Spätrenaissance und des Barock. In: Jahresschrift des Focke-Museums, Bremen 1939, S. 97–168.
Dietsch	Walter Dietsch, Der Dom St. Petri zu Bremen, Bremen 1978.
Hemeling	Lieselotte Klink, Johann Hemelings »Diplomatarium fabricae ecclesiae Bremensis« von 1415/20, Hildesheim 1988.
Katalog Focke-Museum	Der Bremer Dom. Baugeschichte, Ausgrabungen, Kunstschätze. Handbuch und Katalog zur Sonder-

ausstellung, Hefte des Focke-Museums, Nr. 49, Bremen 1979.

Löhr — Alfred Löhr, Bremer Silber. Von den Anfängen bis zum Jugendstil. Handbuch und Katalog, Bremen 1981.

Meyer — Gerhard Meyer, Einiges über die Denkwürdigkeiten der Domkirche in Bremen, 1828. Hrsg. von Dieter Hägermann, Bremen 2001.

Renner — Johann Renner, Chronica der Stadt Bremen, hrsg. von Liselotte Klink, Teil 1 und 2, Bremen 1995.

Erläuterung einiger Fachausdrücke

Abendmahl	Gemeinsame Feier der Kirchengemeinde am Altar mit Ausgabe von Brot und Wein in Erinnerung an das letzte gemeinsame Mahl von Jesus Christus mit seinen Jüngern
Abendmahlsgerät	Sammelbegriff für die beim Abendmahl benötigten Gegenstände
Abendmahlskanne	Kanne für den Wein beim Abendmahl
Abendmahlskelch	Trinkgefäß für den Abendmahlswein in Kelchform
Abendmahlslehre	Lehre von der Bedeutung der Feier des Abendmahls im christlichen Glauben; unterschiedliche Auffassungen bei Katholiken sowie reformierten und lutherischen Christen
Abendmahlswein	für das Abendmahl verwendeter naturreiner Wein
Ablass	nach mittelalterlicher katholischer Lehre die Aufhebung von Strafen, die nach erfolgter Sündenvergebung auf Erden oder im Jenseits noch abzubüßen wären. Der Ablass setzt voraus, dass die Sünden hinsichtlich ihrer Schuld getilgt sind und das erforderliche Ablasswerk geleistet wird. Dieser Pflicht konnte man durch mildtätige Gaben nachkommen, z.B. durch Geldspenden für einen von den Kirchenoberen (Bischof, Papst) benannten Zweck. Dazu gehörte u.a. der Kampf gegen die »Ungläubigen« (Moslems), die Christi Grab in Jerusalem besetzt hielten. Es wurde auch Ablass gewährt für die finanzielle Unterstützung von Kirchenbauten etc. Einen Nachweis für diesen Sündenablass erhielt der Gläubige in Gestalt eines Ablassbriefes
Ablassbrief	s.o.
Abt	von lat. abbas: Vorsteher eines Mönchsklosters oder Stifts (in Österreich)
Ädikula	lat. »Häuschen«: kleiner Aufbau an einem Gebäude oder Grabdenkmal, oft mit tempelartiger Front
Albe	von lat. »albus« = weiß; langärmeliges Priestergewand aus (weißem) Leinen

Albenbesätze	Seidenbesätze an einer Albe, in der Regel aus Seide
al secco	ital. = auf dem Trockenen, d.h. auf dem trockenen Putz aufgetragene Farben; im Gegensatz dazu »al fresco« = auf dem feuchten Putz aufgetragen
Altar	von lat. altus = hoher (Platz): in der Kirche aufgestellter Tisch oder quaderförmiger Aufbau aus Stein als Zentrum des Gottesdienstes und der Abendmahls-/Eucharistiefeier
Almosen	Geld- oder Sachspenden für Bedürftige
Altes Testament	erster Teil der Bibel; es enthält die vorchristlichen israelisch-jüdischen Schriften (fünf Bücher Mose, Propheten, Sprüche, Psalmen etc.)
Andachtsbild	ein Bildwerk (Gemälde, Plastik), das der religiösen Andacht gilt (z.B. Pietà, Schmerzensmann)
Ansgar	mit dem Beinamen »Apostel des Nordens«, 831 Erzbischof von Hamburg, nach Zerstörung Hamburgs ab 848 Erzbischof von Hamburg-Bremen (864 offiziell anerkannt) mit Sitz in Bremen
Antiphon	Wechselgesang in der Messe
Ao.	Abkürzung für »Anno« = lat. »im Jahre« (als Angabe der Entstehungs- oder Lebenszeit)
apokryphe Schrift	(griech.) nicht in den offiziell anerkannten Teil der Bibel (= Kanon) übernommene historische Schrift mit biblischem Inhalt
Apostel	Bezeichnung für zwölf der engsten Begleiter Christi (Jünger), vorwiegend in ihrer Funktion als Missionare
Apostel Paulus	ursprünglicher Name Saulus; verfolgte anfänglich als Pharisäer (jüdische Partei, Vertreter strenger jüdischer Gesetzesfrömmigkeit) und Schriftgelehrter die Christen. Auf einer Reise nach Damaskus bekehrt, nannte er sich von nun an Paulus und wirkte auf vielen Reisen in Vorderasien und Griechenland als Missionar
Apostel Petrus	ursprünglicher Name Simon, bevorzugter Jünger Jesu, nach Christi Tod leitendes Oberhaupt der Christen. Viele Missionsreisen. Nach katholischem Glauben der erste Bischof Roms

Apsis	halbrunder oder mehreckiger, eingewölbter kleiner Vorbau an einer Kirchenwand, meist im Osten des Gebäudes
Archäologie	Erforschung früherer Kulturen, vorzugsweise mit Hilfe von Ausgrabungen
Architrav	in der Baukunst der untere Teil des Gebälks, der unmittelbar auf den Säulen/Pfeilern ruht
Astkreuz	Kreuz in Form einer Astgabel
Auferstehung	Glaubensinhalt der christlichen Lehre: Auferstehung der Toten am Jüngsten Tag
Auferstehung Christi	Glaubensinhalt der christlichen Lehre: die Auferstehung Christi aus seinem Grab an Ostern (am dritten Tag nach seinem Begräbnis)
Baldachin	in der (gotischen) Baukunst (kleines) schirmartiges Dach über einer Figur
Barett	Kopfbedeckung aus weichem Stoff; im 16. Jh. von Männern und Frauen getragen, entwickelte sich zum Bestandteil der Amtstracht von Geistlichen, Richtern und Professoren
Basilika	lang gestreckte, meist dreischiffige Säulenhalle mit überhöhtem Mittelschiff
Benediktinermönche	nach den Regeln des hl. Benedikt von Nursia (um 480–550) lebende Mönche; deren Wahlspruch ist »ora et labora!« (= bete und arbeite!)
Bergkristall	farblose, meist durchsichtige Form des Quarzes, wurde früher hauptsächlich aus den Alpen bezogen. Als Schmuckstein wegen seiner Klarheit geschätzt, im Mittelalter wegen seiner Durchsichtigkeit besonders beliebt als Reliquienbehälter. Im kirchlichen Zusammenhang als Symbol für die Reinheit der christlichen Lehre betrachtet
Beschlag	Verzierung aus Metall
Bischof	geistlicher Leiter eines kirchlichen Amtsbezirks (Bistum); in katholischer Sicht in apostolischer Sukzession Nachfolger der Apostel
Bischofsgrablege	zusammenhängende Grabanlage für die Bischöfe einer Kirche (auch »Sepultur«)
Bischofsornat	festliche kirchliche Amtstracht des Bischofs
Bischofsring	Fingerring mit Stein als Ehrenzeichen eines (Erz-)Bischofs

Bischofsstab	ursprünglich aus dem Hirtenstab entwickelter, etwa mannshoher, in der Frühzeit meist aus Holz, später auch aus Elfenbein oder Metall bestehender Stab mit gerundetem Ende (»Krümme«) als Sinnbild des bischöflichen Hirtenamtes; Würdezeichen des Bischofs
Bleikeller	ursprünglich Bezeichnung der Ostkrypta, die als Aufbewahrungsort der zur Domeindeckung verwendeten Bleiplatten diente; dort wurden im Jahr 1698 mehrere nichtverweste, sondern mumifizierte Leichname in Särgen entdeckt
Buße	Reue und Wille zur Wiedergutmachung von Sünden
buten und binnen	plattdeutsch für »innerhalb und außerhalb (Bremens)«
Byzanz	ältere Bezeichnung von Istanbul, in der Antike auch Konstantinopel oder Neues Rom genannt
Johann Calvin	schweizerischer Reformator des christlichen Glaubens, lebte 1509–1564
Canon Missae	feststehende Regel für die Feier des hl. Opfers in der Messe
Ciborium	Speisekelch der kath. Kirche (für die Oblaten)
Chor	s. Hochchor
Chorherr	geistliches Mitglied eines Stifts
Codex	handgeschriebener Text in Buchform, Bezeichnung für Bücher vor Erfindung des Buchdrucks
Corona, hl.	Märtyrerin, lebte im 2. Jh. n. Chr.
Dalmatik	liturgisches Gewand des Diakons, auch Pontifikalgewand; die Bezeichnung kündet von der Herkunft des Gewands aus Dalmatien
Dämon	Vorstellung von einem den Menschen bedrohenden Unhold, böse Macht; in der romanischen Kunst häufig Fratze oder Tiergestalt
David	Gestalt aus dem Alten Testament, israelischer König, um 1000–960 v. Chr.; ihm wurde die Abfassung der Psalmen zugeschrieben
Deesis	griech. = Bitte, Gebet. Vor allem in der byzantinischen Kunst zum Motivkreis des Jüngsten Gerichts gehörige Darstellung von Christus zwischen Johannes dem Täufer

	und seiner Mutter Maria als Fürbittern für das Seelenheil des Betrachters
Denar	Silbermünze des Römischen Reiches und der Karolingerzeit
Diakon	griech. = Diener: in der ev. Kirche Leiter diakonischer Einrichtungen, heute oft auch Mitarbeiter in Gemeinde- und Jugendarbeit; in den bremischen Altstadtgemeinden auch ehrenamtlich tätige Bürger, die sich vorwiegend der Verwaltungsaufgaben der Gemeinden und ihrer Einrichtungen annehmen (s. auch Domdiakonie) In der katholischen Kirche 1. letzte Weihestufe vor der Priesterweihe, 2. seit dem 2. Vatikanischen Konzil als »ständiger Diakon« so genannter Sozialarbeiter einer Gemeinde, nebenamtlich auch von Verheirateten ausgeübt
Diplomatarium	Sammlung von älteren Urkunden
Diokletian	römischer Kaiser (284–305 n. Chr.), schlimmster Christenverfolger
Diözese	in der katholischen Kirche Amtsbezirk (Kirchen-Sprengel) eines Bischofs (= Bistum)
Dombauherr	1810 in Bremen eingeführte Bezeichnung für einen Amtsträger im Laienstand, dem gemeinsam mit drei anderen Bauherren (oder seit Ende des 20. Jh. auch Bauherrinnen) die Verwaltung der Angelegenheiten der Domgemeinde obliegt
Dombaumeister	Vom Mittelalter bis ins 17. Jh. eine Funktion, die dem später geschaffenen Amt des Dombauherrn entspricht. Seit dem 19. Jh. ein für die Erhaltung/Baupflege des Doms bestellter Baumeister
Domdekan	s. Dompropst
Domdiakonie	1638 gegründete Gemeinschaft, ehrenamtlich für den St. Petri Dom in verschiedenen Ämtern zur Verwaltung von Stiftungen, der Gemeindediakonie und verschiedener anderer Einrichtungen der Gemeinde wirkende Herren
Domdüne	höchste Erhebung der parallel zur Weser (auf deren rechter Seite) verlaufenden Düne im Stadtbereich Bremens
Domgeistlicher	zusammenfassende Bezeichnung aller am Dom tätigen Geistlichen

Domherr, Domkapitular oder Kanonikus	Geistliche, die ein gemeinsames Leben an einem Dom führen. Diese Verpflichtung wurde im Laufe der Zeit für die Domherren gelockert. Heute in der katholischen Kirche immer Priester, im Mittelalter Priester, Diakon oder Geistlicher mit niedrigen Weihen
Domkantor	von lat. cantare = singen: Leiter der Bremer Dom Musik
Dompropst	Im Mittelalter Vorsteher und Leiter des Bremer Domherrenkollegiums (des Domkapitels), Verwaltungsleiter; ihm untersteht der Domdekan, der für die Aufrechterhaltung der Ordnung im gesamten Domgebiet zuständig war (Jurisdiktionsgewalt). Größere Kapitel haben Propst und Dechant, kleinere nur einen Dechant
Domschatz	Sammelbegriff für Gegenstände aus Edelmetall und kostbaren Steinen: Altargerät, Reliquienbehälter, wertvolle Handschriften
Domschatzkammer	auch Tresekammer (von Trese = Schatz): Raum zum Aufbewahren kostbarer Gegenstände (Altargerät, Gewänder)
Dornenkrone	Bezeichnung für einen aus Dornenzweigen geflochtenen Kranz in Entsprechung zum Lorbeerkranz der Antike, der Christus nach der Gefangennahme von den Söldnern des Pilatus zum Spott aufs Haupt gesetzt wurde
Dreieinigkeit, Dreifaltigkeit	(auch Trinität von lat. tria = drei und unus = eins): im christlichen Glauben die Lehre von der Dreieinigkeit Gottes als Gottvater, Gottsohn (Jesus Christus) und dem Heiligen Geist
Edda-Lieder	altisländische Heldensagen des 9.–12. Jh., im 13. Jh. aufgezeichnet
(ein)gravieren	von französisch »graver« = einritzen: das Einzeichnen von Zeichnungen oder Schriftzügen in Metall, Stein, Glas. Das Ergebnis ist die Gravur
Emailtechnik	Aufschmelzen von Glasfluss auf Metallunterlagen, in Europa schon in der Völkerwanderungszeit verbreitete Methode zur Schmuckherstellung; eines der mittelalterlichen Zentren war in Limoges

Empore	von »empor« = hinauf: galerieartiger Einbau in (Kirchen-)Räumen zur Vergrößerung des Raumangebots
Epitaph	ursprünglich Leichenrede; Bezeichnung für Grabdenkmal
Epitaphtext	Inschrift auf Epitaphen, die auf den Verstorbenen Bezug nimmt
Erzbischof	auch »Metropolit«: geistlicher Leiter einer katholischen Kirchenprovinz mit mehreren Bistümern
Erzdiözese	Diözese (Amtsbereich) eines Erzbischofs
Erzengel	im Neuen Testament Bezeichnung für besonders hervortretende Engel: Gabriel, Michael, Raphael, Uriel
Eucharistie	Abendmahlsfeier der kath. Kirche
Eucharistiekelch	Gefäß zur Aufnahme von Wein für die Eucharistie in Form eines Pokals, meist aus Silber, oft vergoldet
Evangelist	Bezeichnung für die Verfasser der Evangelientexte Matthäus, Markus, Lukas, Johannes
Evangelium	Teil des Neuen Testaments; frühchristliche Schriften über Leben und Lehre Jesu Christi
Ex oriente lux	Das Licht (hier gemeint: Christus) kommt aus dem Osten
Exponat	Ausstellungsstück
Faksimile	von lat. »mach ähnlich«: Nachbildung (z.B. einer Urkunde) in möglichst getreuer Nachgestaltung; früher häufig mit Originalmaterialien, heute fast ausschließlich mit Fotografien
Fastensonntag	Sonntag in der siebenwöchigen Fastenzeit. Die Sonntage der Fastenzeit haben die Namen Invocavit, Reminiscere, Oculi, Lätare, Judica, Palmarum. Sie sind vom Fasten ausgenommen
Fasten- oder Passionszeit	die sieben Wochen vor Ostern, in denen sich die Christen an das Leiden und Sterben Jesu erinnern und früher auf gewisse Speisen verzichteten
Fenriswolf	wolfsähnliche Dämonengestalt der nordischen Sagenwelt
Feuervergoldung	Vergolden durch Auftragen einer Gold-Quecksilber-Legierung mit anschließendem Verdampfen des Quecksilbers durch Erhitzen; wegen der Vergiftungsgefahr durch

	Quecksilberdämpfe inzwischen durch andere Verfahren abgelöst
Fialen	in der gotischen Baukunst Pfeileraufsatz in Form eines filigranen spitzen Türmchens als Verzierung
figural	mit Figuren versehen
Flandern	historische Landschaft an der Nordseeküste, umfasst Teile von Nordfrankreich, Belgien, Niederlande
flankieren	frz. flanc = Seite: zur Seite gehen, begleiten
floral	lat. flos = Blüte: pflanzlich
Fragment	Bruchstück, Teilstück, erhaltener Rest
fragmentarisch	nur in Resten erhalten
freiplastisch	frei stehende Figur im Gegensatz zum wandgebundenen Relief
Frühromanik	s. Romanik
Fundament	von lat. fundare = gründen: im Erdreich eingelassener Unterbau eines Gebäudes, im Mittelalter meist aus grob behauenen Steinen
Geißel	veralteter Ausdruck für Peitsche
Geißelung	im Altertum weit verbreitete Körperstrafe, vollzogen mit Riemen oder Peitschen, bei den Juden Strafe für Gesetzesübertretungen
Gewölbe	oberer Abschluss eines Raumes, z.B. Tonnen-, Kreuzgrat- oder Kreuzrippengewölbe
Glockenkasel	s. Kasel
Gloriole	Heiligenschein
Gnadenstuhl	Darstellung der hl. Dreifaltigkeit: Der auf einem Thron sitzende Gottvater hält vor sich den Gekreuzigten (Christus), darüber oder seitlich der Heilige Geist in Gestalt einer Taube
Gotik	Stilrichtung der Kunst im hohen und späten Mittelalter (zwischen Romanik und Renaissance), als Früh-, Hoch- und Spätgotik in Deutschland zwischen 1220 und der 1. Hälfte des 16. Jh.
Gottesmutter	Bezeichnung für die Jungfrau Maria als Mutter Jesu Christi
Gerechte und Ungerechte	im christlichen Verständnis: Gläubige und Ungläubige
Grabbeigaben	Gegenstände des täglichen Gebrauchs oder Kultgegenstände, die dem Verstorbenen mit ins Grab gegeben werden, eine schon im

	Altertum übliche Gepflogenheit. Im christlichen Gebrauch z.B. ein Kreuz, bei Geistlichen die in der Amtsausübung benötigten liturgischen Gegenstände (Kelch/Patene), bei Bischöfen ergänzt um Mitra, Stab und Ring
Grablege	s. Sepultur
Granatapfelmuster	Webmuster aus Granatäpfeln, den apfelartigen Früchten des im Mittelmeerraum verbreiteten Granatapfelbaums oder -strauchs, vor allem auf italienischen Seidenstoffen ab dem 15. Jh. üblich
Gravur	s. (ein)gravieren
griechisches Kreuz	Kreuz mit vier gleichlangen Armen
Grote	mittelalterliche bremische Münze, im 14. Jh. eingeführt; ein Groten = fünf Schware (schwere Pfennige) im Gegensatz zu den sog. Hohlpfennigen (Bracteaten); drei Hohlpfennige hatten den Wert eines Schwaren
Grubenschmelz	Technik der Emailarbeit: Das mit dem Stichel aus dem Metall herausgehobene Muster bildet »Gruben«, die mit der Emailmasse gefüllt werden. Der anschließende Schmelzvorgang durch Erhitzen festigt die Emailmasse auf dem Untergrund
Häscher	urspr. von »haschen« = fangen; Soldaten, die zur Ergreifung Christi ausgeschickt wurden
Heilige Dreieinigkeit	s. Dreieinigkeit
Heiligenkalender	Jeder Heilige wird an einem bestimmten Tag im Jahr - meist dem Todestag - besonders gefeiert, u.a. auch mit speziellen Messen. Aus der Zusammenstellung all dieser Heiligentage ergibt sich der Heiligenkalender, der je nach Region unterschiedliche Persönlichkeiten aufweisen kann
Heiligenschein	in der bildenden Kunst ein Lichtkreis oder Strahlenkranz um das Haupt göttlicher oder heiliger Personen zur Verdeutlichung ihrer Besonderheit
Heiligenschrein	Behälter zur Aufnahme von Teilen der sterblichen Überreste von Personen, die als Heilige verehrt werden (Reliquiar)
Heilige	nach der katholischen Lehre »Diener Gottes«, die durch beispielhaftes christliches Leben

	und Handeln nach ihrem (Märtyrer-)Tod mit Christus vereinigt sind
Heiltumsweisung	das Zeigen der Reliquien vor den Gläubigen
Hermen	Figuren an Bauwerken, bei denen nur der Kopf ausgebildet ist, während das Übrige unbearbeitet blockhaft bleibt
Hieronymus	Kirchenvater, geb. zw. 340 und 350, gest. 420 n. Chr.; er schuf die lateinische Bibelübersetzung (»Vulgata«)
Himmelskönigin	eine in der mittelalterlichen Glaubenswelt der Jungfrau Maria zugeschriebene Funktion, basierend auf einer Beschreibung in der Offenbarung des Johannes, Kap. 12, Vs. 1-6, die mit Maria als Mutter Christi gleichgesetzt wird
Hochaltar	Hauptaltar einer Kirche, in der Regel im höher gelegenen Chor aufgestellt
Hochchor	durch Treppenstufen erhöht liegender Raum, in der Regel im Osten einer Kirche, zur Aufnahme von Altar und Gestühl für die Geistlichkeit
Hospital	von lat. hospes = Gast, Fremder: Herberge, Gasthaus
Hostie	s. Oblate
Hostienteller	Teller für die Oblaten oder das Brot beim Abendmahl
Identifikationsquelle	Hinweis, der die Zuordnung eines Objekts zu einer bestimmten Person ermöglicht
Identifizierung	hier: Zuordnung der aufgedeckten Skelette zu bestimmten Persönlichkeiten
Inkunabel	von lat. incunabula = Wiege: die ersten Buchdrucke, die bis zum Jahr 1500 entstanden
Infuln	von lat. infula = Kopfbinde: zwei ca. 5 cm breite und etwa 30 cm lange Stoffstreifen an der Mitra, die im Nackenbereich befestigt sind und auf den Rücken des Trägers herabhängen
Initiator	lat. initium = Anfang: Urheber, Anreger, Ideengeber
Insignien	von lat. signum = Zeichen: Herrschafts-, Standes-, Amtszeichen
Introitus	von lat. »Eingang«: Gebet am Beginn des Gottesdienstes

ionisierend	der ionischen Säulenordnung (im Gegensatz zur dorischen oder korinthischen) angeglichene Verzierung eines Kapitells
Jacobus der Ältere	Jünger Jesu, nach der Legende in Nordspanien begraben
Jardinière	von französisch »jardin« = Garten: Blumenständer, Blumenschale
Jes.	Jesaia, Prophet des Alten Testaments
Johannes-Evangelium	das dem Jünger Johannes zugeschriebene Evangelium
Johannes-Offenbarung	s. Offenbarung
Judas Ischariot	Anhänger (Jünger) Jesu, der ihn nach der biblischen Überlieferung für einen Lohn von 30 Silberlingen an die Häscher (s.d.) verriet, beging Selbstmord
Jünger Christi	Anhänger von Jesus Christus, die ihn auf seinen Wanderungen durch das Heilige Land (Palästina) begleiteten und später als Missionare (Apostel) wirkten
Jüngstes Gericht, Jüngster Tag	nach christlicher Lehre Gericht Gottes über die Lebenden und die Toten nach Christi Wiederkunft
Kabinett	kleiner Raum
Kanonikus	Chorherr, Mitglied eines Domkapitels
Kapelle	kleine Kirche; Seitenraum einer großen Kirche
Kapitelhaus	(ehem.) Gebäude der »Kapitelsherren«, der Geistlichen am Dom, in dem jeden Tag »ein Kapitel« aus der Bibel gelesen wurde
Kapitell	von lat. caput = Kopf: Kopfteil von Säule, Pfeiler
Kardinal	höchster katholischer Würdenträger nach dem Papst, Wähler des Papstes
karolingisch	aus der Zeit der karolingischen Könige und Kaiser (751-911) stammend, benannt nach Kaiser Karl dem Großen (742-814)
kaschieren	von frz. cacher = verdecken, verbergen
Kasel	von lat. casula = Häuschen: ärmelloses liturgisches Obergewand des Geistlichen in Umhangform, ursprünglich wie ein spitzes Dach geformt, seit dem 13. Jh. deutlich verkleinert. Bestandteil des Pontifikalornats wie des Ornats des Priesters
Kaselkreuz	Zierbesatz der Kasel, oft auf der Rückseite in Form eines Gabelkreuzes

kassettiert	mit rechteckigen Vertiefungen (kassettenartig) versehenes Werk, vorwiegend in der Baukunst von Antike und Renaissance
Kelch	Trinkgefäß in Pokalform mit Fuß, insbesondere Abendmahls-/Eucharistiekelch, meist aus Edelmetall
Kielbogen	geschwungener Bogen in Form eines Bootskiels; architektonische Besonderheit der Spätgotik
Kirchenväter	Bezeichnung für die Verfasser grundlegender kirchlicher Schriften des christlichen Altertums: z.B. Ambrosius (um 340–397), Hieronymus (340–420), Augustinus (354–430) und Gregor d. Gr. (540–604)
Klingelbeutel	umgangssprachliche Bezeichnung für kirchlicher Sammelbeutel
Kloster	von lat. »claustrum«: geschlossener, abgesonderter Gebäudekomplex als Lebenszentrum für Mitglieder eines Mönchs- oder Nonnenordens
Knigge-Kapelle	Begräbnisstätte des Freiherrn Knigge (1752–1796), der als hannoverscher Beamter für die Verwaltung des St. Petri Domes und seiner Besitzungen zuständig war, da seinerzeit der Dom dem Königreich Hannover zugehörte. Knigge, dessen berühmtes Buch »Über den Umgang mit Menschen« noch heute im Buchhandel erhältlich ist, erhielt, als er nur 44-jährig starb, ein Begräbnis im Dom
Kollektengeld	Geld aus der Sammlung freiwilliger Gaben, besonders für kirchliche Zwecke
Konservierung	in der Textilkunst: Haltbarmachung eines Gegenstands; im Gegensatz dazu die Restaurierung: Wiederherstellung zum neuerlichen Gebrauch
Korpus	von lat. corpus = Körper: das Hauptteil des Kunstwerks ohne seine Verzierungen
Kreuzfahne	langer Stab mit Wimpel, der kreuzförmig endigt, als Siegeszeichen in der Hand des auferstehenden oder auferstandenen Christus
Kreuzigung	Aufhängen/Annageln einer Person an einem großen Holzkreuz bis zum Eintritt des Todes; im Altertum Todesstrafe für Verbrecher, galt in Rom als besonders entehrend. Nach der Bibel Todesstrafe Jesu Christi

kreuztragender Christus	Darstellung Christi, der das für seine Kreuzigung bestimmte Kreuz zur Richtstätte Golgatha trägt
Kreuzzug	im eigentlichen Sinne: Kriegszug christlicher Heere zur Befreiung des hl. Grabes (des Grabes Jesu) in Jerusalem aus der Hand der »Ungläubigen« (Moslems). Insgesamt gab es zwischen 1096 und 1270 sieben Kreuzzüge. Im weiteren Sinne wurde mit Kreuzzug auch Kriegszug gegen Feinde des christlichen Glaubens bezeichnet
Kristallisationspunkt	zentraler Punkt, Mitte des Geschehens
Krummstab	Holzstab mit gebogenem Ende (Krümme oft aus Edelmetall), Ehrenzeichen eines Bischofs/Erzbischofs oder Abtes/einer Äbtissin
Krümme	gerundetes Ende des Krummstabs
Krümmenvolute	kreisförmig aufgerolltes Ende der Krümme
Kruzifix	von lat. cruci fixus = der am Kreuz Befestigte: Kreuz (aus Holz, Stein oder Metall) mit einem daran befestigten männlichen Körper als künstlerische Gestaltung der Kreuzigung Jesu Christi
Krypta	von griech. verbergen: im romanischen Kirchenbau ein (halb) unterirdischer Kultraum unter dem Chor. Der St. Petri Dom besitzt je eine Ost- und Westkrypta
Laie	von Kirchenlatein laicus = zum Volk gehörig: Nichtfachmann. Ev. Kirche: Angehöriger der Kirche, der nicht Geistlicher ist; kath. Kirche: Angehöriger der Kirche, der keine Weihen empfangen hat, auch eine Person, die in der Gemeinschaft eines Klosters o.ä. ohne Ordensgelübde lebt (»Laienbruder«)
Lampas	Doppelgewebe aus mindestens zwei Kett- und zwei Schusssystemen
Lamm mit der Siegesfahne	Lamm als Symbol für Jesus Christus (Opferlamm) mit einer kleinen Fahne, in die ein Kreuz eingezeichnet ist als Zeichen des Sieges über den Tod
Legat, päpstlicher	päpstlicher Gesandter in fremden Ländern
Legenda aurea	lat. = goldene Legende: wichtigste Legendensammlung des späten Mittelalters, um 1270 von Jacobo de Voragine, Erzbischof von Genua, zusammengestellt

Lilienzepter	das Zepter als Herrschaftszeichen wird Maria in ihrer Bedeutung als Himmelskönigin vom Erzengel Gabriel überreicht, wobei die Lilie wegen ihrer weißen Blüte als Symbol für die Reinheit der Beschenkten gilt
Limoges	Stadt in Mittelfrankreich, bereits seit dem 12. Jh. für seine Goldschmiedearbeiten bekannt, insbesondere wegen der charakteristischen Emailarbeiten
Liturgie	streng geregelte Form des christlichen Gottesdienstes, bestehend aus einem festgelegten Zusammenspiel von Musik und Wort
liturgische Gegenstände	Gegenstände, die für den regelrechten Ablauf des Gottesdienstes gebraucht werden: z.B. Bibel, Abendmahlsgerät, Taufbecken
liturgische Gewänder	Kleidung der Geistlichen während des Gottesdienstes und anderer kirchlicher Amtshandlungen
Logis	Unterkunft
Louvre	ehemals königlicher Palast, seit 1793 öffentliches Museum mit weltbekannten Kunstwerken in Paris
Martin Luther	Reformator des christlichen Glaubens, lebte 1483–1546
Lutheraner	Anhänger der Lehre Luthers; im Gegensatz zu Calvinisten (= Anhänger der Lehre Calvins)
Luthers Thesenanschlag	am 31.10.1517 befestigte der Augustinermönch Martin Luther am Portal der Schlosskirche zu Wittenberg/Elbe ein Papier mit 95 Forderungen (Thesen) zur Reformierung der christlichen Glaubensausübung. Dieser Tag wird von der evangelischen Kirche als Reformationstag gefeiert
Märtyrer	Christen, die in der Zeit der Verfolgung standhaft an ihrem Glauben festhielten und dafür den Tod erlitten
Magazin	Lagerraum
Maiestas domini	lat. »Herrrlichkeit der Herrn«; Darstellung des thronenden Christus als Richter über die Menschheit am Jüngsten Tag, mit zum Segnen erhobener Rechten und in der Linken das Buch des Lebens (nach dem biblischen Text in der Offenbarung des Johannes, Kap. 3, Vers 5). Viele Darstellungen

	zeigen auch die Segensgeste mit zwei erhobenen Händen
Mandorla	it. = Mandel; mandelförmiger Heiligenschein um eine Christusfigur
Manipel	ca. 60 cm langes liturgisches Band, früher über dem linken Unterarm getragen, meist aus demselben Stoffmaterial wie die Stola; seit dem 2. Vatikanischen Konzil (1962–1965) nicht mehr gebräuchlich
Marienaltar	ein der Gottesmutter Maria gewidmeter (»geweihter«) Altar
Mauren, maurisch	im Mittelalter Sammelbezeichnung für die islamische Bevölkerung Nordafrikas und Spaniens
Medaillon	rund oder oval gerahmtes Bild oder Relief; hier: Gestaltungsfläche in Kreisform mit gemaltem Rahmen
Messkelch	Kelch zur Aufnahme des Weines für die Eucharistiefeier
Metropolitankirche	Hauptkirche eines Metropoliten (Erzbischof)
Mineralfarben	aus anorganischen Stoffen hergestellte Farben
Ministerialen	im Mittelalter Dienstleute im Hofdienst weltlicher und geistlicher Fürsten
Minuskeln	von lat. minusculus = ziemlich klein: in der mittelalterlichen Schriftkunst kleiner Buchstabe. In Entsprechung dazu »Majuskel« (von lat. maior = größer) = großer Buchstabe
Missale	Messbuch von lat. »ite, missa est« = »gehet hin, ihr seid entlassen« (Worte des Geistlichen am Ende des Gottesdienstes): das Messbuch enthält alle für die verschiedenen Gottesdienstformen erforderlichen Texte
Missionar	von lat. missio = Sendung: eine Person, die zur Verbreitung des (christlichen) Glaubens in fremde Regionen gesendet wird
Missionierung	Verbreitung neuer Glaubensinhalte
Missionskirche	Gotteshaus, das in einem noch wenig missionierten Gebiet als erste feste Niederlassung des neuen Glaubens gebaut wird
Mitra	liturgische Kopfbedeckung eines Bischofs oder Abtes oder gewisser Prälaten, die bei allen feierlichen Anlässen getragen wird. Zunächst eine Kopfbedeckung mit zwei seitlichen Spitzen, wurde sie im Laufe des

	10./11. Jh. gedreht, so dass die Spitzen hintereinander aufragen, ab dem 13. Jh. nahm ihre Höhe allmählich deutlich zu. Am unteren Rand sind zwei ca. 5 cm breite Stoffstreifen befestigt, die Infuln oder Mitrabänder
Mitrabänder	s. Infulae (Infuln)
Mittelschiff	Kirchenraum in der Mitte des Gebäudes, wegen seiner lang gestreckten Form Mittel- oder Hauptschiff genannt; dem Mittelschiff benachbart erstrecken sich die Seitenschiffe
Morgenstern	mittelalterliche Waffe, bestehend aus einer Stange mit einer durch eine Kette befestigten Eisenkugel, die ringsum mit spitzen Nägeln versehen ist
Moses	im Alten Testament Empfänger der Gebote Gottes; führte um 1200 v. Chr. zusammen mit Josua die Israeliten aus der Gefangenschaft in Ägypten in die Heimat
Mumie	durch Einbalsamieren oder durch Austrocknung vor Verwesung geschützter Leichnam
Mythologie	Götter-, Helden- und Dämonensagen; Götterlehre
Mythologie, klassische	Glaubenswelt der Griechen und Römer im Altertum
Mythologie, nordgerm.	die im Mittelalter durch Heldensagen und Mythen überlieferte Glaubenswelt Nordeuropas
Mythos	Sage und Dichtung von Göttern und Helden
Naturaleinkünfte	Einkünfte aus dem Verkauf von Ackerfrüchten
Neues Testament	zweiter Teil der Bibel mit der Geschichte Jesu Christi und seiner Nachfolge (Evangelien, Apostelgeschichte, Apostelbriefe, Offenbarung des Johannes)
Neumen	seit dem 9. Jh. zur Aufzeichnung von Melodien verwendete Notation, bei der zunächst ohne Notenlinien die Höhen und Tiefen der Töne sowie der Rhythmus durch Zeichen und Buchstaben dargestellt wurden
Nodus	lat. »Knoten«: Knauf (z.B. eines Kelches oder am Krummstab)
Oblate	entspr. Hostie: flaches, scheibenförmiges, ungesäuertes Gebäck beim Abendmahl (anstelle von Brot)

Oculi/Okuli	4. Sonntag vor Ostern (oder 3. Fastensonntag), so benannt nach dem Anfangswort des Introitus (s.d.) an diesem Sonntag: »Oculi mei semper ad Dominum ...« = meine Augen schauen immer auf den Herrn
Offenbarung des Johannes	(auch griechisch: Apokalypse): biblische Vision vom Weltuntergang und anschließender Neuschöpfung der Erde, dem Apostel Johannes zugeschrieben
Opferstock	Behälter für Geldspenden
Orgelempore	erhöht liegender Raum, meist am westlichen Ende der Kirche (Eingangsbereich) zur Aufnahme der Orgel; bietet meist auch Standfläche für den Kirchenchor
Ornat	von lat. ornare = schmücken: feierliche (kirchliche) Amtstracht
Ostchor	auf der Ostseite der Kirche gelegener Chor (im Gegensatz dazu: Westchor)
Ostkrypta	s. Krypta
Päpstliche Kurie	Gesamtheit der Regierungsbehörden des Papstes
Pailletten	glitzernde Metallplättchen zum Aufnähen auf ein Gewand
Pallium	schmales, weißes, wollenes Band mit aufgenähten Kreuzen, das ringförmig um die Schultern gelegt wird, so dass vorne und hinten je ein langes Ende herabhängt; Ehrenzeichen des Erzbischofs, vom Papst verliehen, nur bei der Feier eines Pontifikalamtes und in der eigenen Kirchenprovinz getragen
Palliumkreuze	auf das Pallium aufgenähte kleine Kreuze, früher aus Seidenstoff
Palmettenmusterung	Verzierung mit Anklängen an Palmenblätter, unter starker Betonung der Mittelachse und symmetrischer Anordnung der (am Rand oft etwas gerundeten) Blätter
partiell	von lat. pars = Teil: teilweise
Paruren	Besatzstücke, vorwiegend aus Seide, an Ärmeln und oberhalb des Saumes von Alben
Passion Christi	die Leidenszeit Christi, d.h. der Zeitraum von der Gefangennahme bis zur Kreuzigung
Passionsgeschichte	biblischer Bericht vom Leiden Christi
Passionszeit	siebenwöchige Zeit im Kirchenjahr vom Sonntag vor Aschermittwoch (Estomihi)

	bis Ostersonntag, in der in der christlichen Kirche des Leidens Christi gedacht wird
Pastor primarius	Vorsitzender eines Pastorenkollegiums
Patene	flacher Teller für die Oblate beim Abendmahl/bei der Eucharistie
Pergament	ungegerbte Tierhaut (Schaf, Ziege, Kalb); vor der Erfindung der Papierherstellung übliche Schreibunterlage, im 3./4. Jh. in Vorderasien (angeblich in Pergamon) entwickelt
Perlmuster, Perlstab	Webmuster mit eingewebten Reihen von kleinen Kreisen, die wie Perlen auf einer Schnur aussehen
Physikus	veraltete Bezeichnung für Amtsarzt; der Ratsphysikus also der vom Rat der Stadt Bremen bestellte Mediziner
Physiognomie	Form und Ausgestaltung des Gesichts als Ausdruck der Persönlichkeit
Pietà	ein seit dem 14. Jh. eingeführter Darstellungstypus der Muttergottes, die den Leichnam Christi trauernd auf ihrem Schoß hält
Pilaster	flacher Wandpfeiler, der nur wenig aus der Wand herausragt, mit Basis, Schaft und Kapitell
Pilatus	römischer Verwaltungsbeamter in Jerusalem, verurteilte Jesus zum Kreuzestod
Planetarium	eigentlich Instrument zur Darstellung der Bewegung der Gestirne; Sternwarte
Pontifikalamt	ein vom »Pontifex maximus«, dem obersten Priester (also Bischof oder Erzbischof oder Abt, Kardinal und Papst) zelebrierter feierlicher Gottesdienst
Pontifikalhandschuhe	früher zur Amtstracht des (Erz-)Bischofs gehörige Handschuhe
Pontifikalkleidung Pontifikalornat	Gesamtheit der liturgischen Gewänder und Insignien des Bischofs oder Erzbischofs
Pontifikalschuhe	wie auch Pontifikalhandschuhe früher zur Gewandung des Bischofs gehörige, nur bei Hochämtern getragene (Stoff-)Schuhe
Pontifikalstrümpfe	früher zur Pontifikalkleidung gehörige, weit über das Knie hinaufreichende Strümpfe
Portativ	von lat. portare = tragen: kleine tragbare Orgel, insbesondere bei Prozessionen gebraucht
Postament	Unterbau einer Säule oder einer Statue

Prälat	vom Papst verliehener Ehrentitel eines Geistlichen
präparieren	hier: Ablösen der Textilien von den Gebeinen, Trennen der einzelnen Gewandschichten
Predella	Unterbau eines Flügelaltars, häufig mit gemalten oder geschnitzten Darstellungen
Presbyter	(griech.) im frühen Christentum Gemeindevorsteher; später entwickelte sich daraus der Begriff »Priester«
»Prichlen«	gemeint wohl »Prieche«: Empore in einer Kirche
Prophet	Weissager, Seher, Mahner; vor allem im Alten Testament
Protonotar	höchster römischer Prälat; Titel, früher für Juristen am päpstlichen Hof
Psalmen	im Alten Testament Lieder des Volkes Israel
Psalmendichter	(unbekannte) Verfasser der Psalmen
Psalter(ium)	Buch der biblischen Psalmen
Punktieren	Farbauftrag in Pünktchenform zur Kennzeichnung besonderer Partien
Putten	nackte kleine Knaben, manchmal mit Flügeln
Querschiff	Kirchenraum, der sich im rechten Winkel zum Haupt- oder Mittelschiff erstreckt; durch das Mittelschiff in zwei Abschnitte geteilt, (in der Regel) in das südliche und nördliche Querschiff
Rahmengrab	aus einzelnen Steinen zusammengefügtes Steingrab in rechteckiger Form mit flachem oberem Abschluss
Refektorium	Speisesaal im Kloster
Reformation	Erneuerung der Kirche und des christlichen Glaubens, ausgelöst durch die Anbringung von 95 Änderungsvorschlägen (Thesen) an der Tür der Schlosskirche zu Wittenberg durch Martin Luther am 31.10.1517
Reliquien	verehrungswürdige Andenken an Personen des kirchlichen Lebens. Körperreliquien: Teile der Körper dieser Personen
Reliquienschrein	Behälter zur Aufnahme von sterblichen Überresten von Personen, die als Heilige verehrt werden; in der Regel aus kostbarem Material in aufwendiger Technik gefertigt
Ritus	gottesdienstlicher Festbrauch, durch Überlieferung festgelegt

Rock Christi	nach der biblischen Überlieferung (Joh. 19, 23) wurde das Gewand (»Rock«) von Jesus Christus bei der Kreuzigung nicht unter den Soldaten aufgeteilt, da es in einem Stück gewirkt war (also nicht aufgetrennt werden konnte), sondern es wurde von den Soldaten darum gewürfelt, so dass der Rock Christi als Ganzes an den Gewinner ging
Romanik, romanisch	europäischer Kunststil von etwa 1000 bis 1250, vor allem in der Bau- und Goldschmiedekunst bedeutend. Die Stilentwicklung wird in drei Abschnitte eingeteilt, die (bei gelegentlicher Überschneidung) mit den Begriffen Frühromanik (11. Jh.), Hochromanik (12. Jh.), Spätromanik (13. Jh.) bezeichnet werden
Romantik	europaweite Geisteshaltung in der Zeit zwischen 1800 und 1830 mit Einfluss auf Kunst, Literatur und Musik, in der die rationalen Strömungen der Aufklärung zurücktreten hinter einer mehr gefühlsbetonten Sichtweise des Lebens
Rosette	Dekoration in Form einer aufgeblühten Rose
Rotuli	(lat.) Griffknötchen am Schaft eines Kelches
Sakramentsnische	Nische für die Aufbewahrung der Gerätschaften für das Abendmahl/die Eucharistie (s.d.)
Sakristei	Vorbereitungs- und Ankleideraum der Geistlichen, Aufbewahrungsort der liturgischen Geräte
Samit	(nicht »Samt«) Gewebe mit köperartiger Bindung
Samson oder Simson	Gestalt aus dem Alten Testament: ein besonders kräftiger Mann aus dem israelitischen Volk
Satan	auch Luzifer, Beelzebub, der Leibhaftige: umschreibende Bezeichnung für den Teufel
»Schauer«gefäß	Gefäß für das Begrüßungsritual der Bremer St. Jacobi-Brüderschaft
Scherge	Gerichtsdiener
Schmerzensmann	Darstellung Christi nach der Auferstehung mit den Zeichen der Geißelung und Kreuzigung an seinem Körper

S[ch]waren	mittelalterliche bremische Münze; Wert 1/5 Groten (s. auch Grote)
Schwertgurtbeschlag	metallene Verzierung eines Schwertgurtes
Sebaldusgrab	Grabmonument des hl. Sebaldus in der Sebalduskirche in Nürnberg, 1507–1519 von Peter Vischer d.Ä. und d.J. gefertigt
Segmentbogen	Bogen in Form eines Kreisausschnitts
Seitenwunde	gemäß der biblischen Überlieferung bei Joh. 19, 34 eine Wunde, die beim Einstechen eines Speeres in Christi Oberkörper zur Feststellung seines Kreuzigungstodes entstanden war
selbdritt	altertümlich für: zu dritt
Sepultur	von lat. sepultura = Begräbnis, Bestattung: Begräbnisstätte
Silberschrein	s. Reliquienschrein
Spätantike	Bezeichnung für die nachklassische Zeit der antiken Kunst, etwa 3./4. Jh. n. Chr.
Spätromanik, spätromanisch	Kunststil in der Endphase der Romanik, etwa vom Ende des 12. bis zur Mitte des 13. Jh.
Spottgewand	nach dem Lukas-Evangelium 23, 11 wurde Jesus Christus nach seiner Verhaftung von Herodes mit einem weißen Gewand bekleidet
Stab	hier gleichbedeutend mit Krumm- oder Bischofsstab
Stele	schmaler, pfostenartiger Unterbau als Träger einer Figur o.ä.
Stichpublikation	Buch mit Kupfer- oder Stahlstichen als Illustration
Stift	aus dem Mittelalter herrührende Körperschaft eines Domes (Domkapitel), einer Kollegiatskirche (Kollegiat-Stift) oder eines Klosterkapitels, mit Stiftsvermögen, meist Grundbesitz, ausgestattet
stilisieren	Gestaltung durch künstlerische Überformung im Gegensatz zur naturalistischen Auffassung
Stola	liturgisches Stoffband, das über die Schulter gelegt wird; in der kath. Kirche von Diakon und Priester getragen, in der ev. Kirche in jüngerer Zeit gelegentlich wieder gebräuchlich
Stulpen	Verlängerung des (Pontifikal-)Handschuhs mit einem breiten Stoffstück, häufig bestickt

Stundengebet	von christlichen Gemeinschaften (Bruderschaften) zu festen Tageszeiten gesprochene oder gesungene Gebete
Substruktion	stützender Unterbau
Sultan	Titel islamischer Herrscher
Symbol	Sinnzeichen, z.B. Lamm (in der Tradition eines Opferlamms) für den Opfertod Jesu Christi am Kreuz
Taufbecken	Behälter zur Aufnahme des Wassers für die Taufe, im Mittelalter oft aus Stein oder Bronze
Taufe	heilige Handlung (Sakrament) der christlichen Kirche: Aufnahme in die Gemeinde Christi durch dreimaliges kreuzförmiges Begießen des Täuflings mit Wasser
Taufschale	kleine Schale zum Aufnehmen des Taufwassers, meist aus (Edel-)Metall
Taufszene	s. Taufe; hier: Darstellung der in der Bibel überlieferten Taufe Christi im Jordan
Textilien	hier Sammelbegriff für historische geistliche Gewänder und dazugehörige Einzelteile des geistlichen Ornats
Tierdämon	Ungeheuer in Tiergestalt, auch als Gottheit verehrt
Tierornamentik	jeder Schmuck, der Tiermotive als Verzierung verwendet, vor allem in der altnordischen Schnitzkunst und auch in der romanischen Baukunst weit verbreitet
Totenpfennig	die in der Antike aufgekommene Sitte, den Toten im Sarg eine Münze in den Mund zu legen, war auch in der Nachantike verbreitet; die Münze erhielt dabei gelegentlich die Bezeichnung »Tributum Petri«, wurde also als eine Art Eintrittsgeld für den Einlass zum Himmel aufgefasst
Trese	von lat. thesaurus = Schatz
Tresekammer	Schatzkammer (einer Kirche, eines Rathauses)
Triumphator	Sieger
Tunika, Tunicella	liturgisches Amtsgewand, unter der Dalmatik getragen; seit dem 12. Jh. bei (Erz-)Bischöfen in Gebrauch
Tympanon	Bogenfeld über einem Portal, halbrund oder spitzbogig
Umschrift	um ein Kunstobjekt (z.B. Münze, Gemälde, Grabstein) am Rande umlaufende Schrift

ungestörte Lage	ohne Beeinträchtigung durch frühere Grabungen oder andere Eingriffe in den Befund
Verspottung Christi	nach den Evangelien wurde Jesus Christus nach seiner Gefangennahme von den Soldaten durch Aufsetzen einer Dornenkrone und die Übergabe eines Rohrs als Zepter als angeblicher König der Juden verspottet (vgl. Matth. 27, 29; Lukas, 23, 11)
Vision	übernatürliche Erscheinung mit voraussagender Eigenschaft
Volute	von lat. volutum = das Gerollte: schneckenförmig gerollte Verzierung, z.B. Endstücke an Renaissancegiebeln. Hier: das aufgerollte Ende des Bischofsstabes
vorreformatorisch	in der Zeit vor der Reformation (beginnend mit dem 31.10.1517 durch Martin Luthers Thesenanschlag in Wittenberg)
Weihrauchgefäß	durchbrochenes Silbergefäß zur Aufnahme von glühender Kohle, auf welcher der dort aufgebrachte Weihrauch, ein Gummiharz von der Küste des Roten Meeres, durch Erhitzung seinen Duft entwickelt
Weltenrichter	s. Jüngstes Gericht u. Maiestas domini
Westfälischer Frieden	Friedenschluss nach dem Dreißigjährigen Krieg (1618–1648)
Westkrypta	s. Krypta
Wittheit zu Bremen	Verein zur Förderung des wissenschaftlichen Vortragswesens in Bremen
Wulfhard, hl.	auch Wolfhard, Einsiedler, geb. 1070 in Augsburg, gest. 1127 in Verona
Wundmale der Kreuzigungsnägel	in der bildlichen Darstellung seit der Gotik übliche blutige Spuren der Nägel, mit denen Christi Hände an den Kreuzbalken festgenagelt waren
Würfeln um das Gewand	lt. Evangelien wurde bei der Kreuzigung Christi von den abgestellten Soldaten um das nicht genähte, sondern gewirkte (und daher wertvolle) Gewand Christi gewürfelt
Xylographie	Holzschnitt
Zingulum	liturgischer Gürtel für die Albe
Ulrich Zwingli	schweizerischer Reformator (des christlichen Glaubens) (1484–1531)

Weiterführende Literatur

Die folgende Zusammenstellung weiterführender Literatur hat zum Ziel, den derzeitigen wesentlichen Forschungsstand zu dokumentieren und dem Interessierten eine vertiefte Beschäftigung mit Einzelfragen zu erleichtern. Eine vollständige Wiedergabe der gesamten einschlägigen Literatur war nicht möglich. Die folgenden Hinweise sind thematisch geordnet, und zwar zunächst sachlich (Quellen, bremische und norddeutsche Kirchengeschichte, St. Petri Dom allgemein, Dom-Museum allgemein) und sodann alphabetisch (einzelne Kunstwerke des Doms und des Dom-Museums). Innerhalb der einzelnen Abschnitte sind die Literaturhinweise chronologisch geordnet.

Quellen

Regesten der Erzbischöfe von Bremen, Band I (787–1306), hrsg. von Otto Heinrich May, Bremen 1937; Band II, 1. Lieferung (1306–1327), hrsg. von Günther Möhlmann, Bremen 1953; Band II, 2. Lieferung (1327–1344), hrsg. von Joseph König, Bremen 1971.

Johannis Rode Archiepiscopi Registrum Bonorum et Iurium Ecclesiae Bremensis (Johann Roden Bok), hrsg. von R. Cappelle, Bremerhaven 1926.

Rimbert, Vita Anskarii, bearbeitet von W. Trillmich. In: Quellen des 9. und 11. Jahrhunderts zur Geschichte der Hamburgischen Kirche und des Reiches. Darmstadt 1978, S. 17–133.

Adam von Bremen, Gesta Hammaburgensis ecclesiae Pontificum. Quellen des 9. und 11. Jahrhunderts zur Geschichte der Hamburgischen Kirche und des Reiches. Darmstadt 1978, S. 160–503.

Dazu: Dieter Hägermann, Buten und Binnen im 11. Jahrhundert. Welt und Umwelt bei Bremens erstem Geschichtsschreiber Magister Adam. In: Bremisches Jahrbuch, Bd. 63, 1985, S. 15–31.

Bremer und Hamburger Kirchengeschichte von 787–1072, aufgezeichnet von Adam von Bremen, Anno Domini 1076, hrsg. von Wilhelm Tacke, Bremen 1987.

Johann Renner, Chronica der Stadt Bremen, hrsg. von Liselotte Klink, Teil 1 und 2, Bremen 1995

Ingrid Weibezahn, Schatzkammerverzeichnis des St. Petri Domes aus der Zeit um 1420. In: Feste und Bräuche in Bremen. Festschrift zum 100. Geburtstag des Focke-Museums. Jahrbuch 1999/2000 der Wittheit zu Bremen. Bremen 2000, S. 25–34.

Bremische und norddeutsche Kirchengeschichte

Georg Dehio, Geschichte des Erzbistums Hamburg-Bremen bis zum Ausgang der Mission, 2 Bde., Berlin 1877.

Adalbert Müller, Das bremische Domkapitel im Mittelalter, Greifswald 1908.

Otto Veeck, Die Reformation in Bremen, Bremen 1917.

Hermann Entholt, Die Evangelische Kirche Bremens, Bremen 1947.

Edgar Hennecke, Hans-Walter Krumwiede, Die mittelalterlichen Kirchen- und Altarpatrozinien Niedersachsens, Göttingen 1960.

Herbert Schwarzwälder, Die Kirchspiele Bremens im Mittelalter. Die Großpfarre des Doms und ihr Zerfall. Niedersächs. Jahrbuch für Landesgeschichte, Hildesheim 1960.

Karl H. Schleif, Regierung und Verwaltung des Erzstiftes Bremen am Beginn der Neuzeit (1500–1645), Hamburg 1972.

Kurt Asendorf, Die Bischöfe von Verden, Beppen/Thedinghausen 1980.

Ortwin Rudloff, Stichwort »Bremen«. In: Theologische Realenzyklopädie, Bd. VII, Berlin 1981, S. 153–168 (mit ausführlichem Literaturnachweis bis ca. 1980).

Friedrich Seven, Der Aufstand der 104 Männer und die Bremer Kirchenordnung von 1534. In: Bremisches Jahrbuch, Bd. 64, Bremen 1986, S. 15–31.

Bremen – 1200 Jahre Mission, hrsg. von Dieter Hägermann, Bremen 1989.

Andreas Röpcke, Geld und Gewissen – Raimund Peraudi und die Ablaßverkündigung in Norddeutschland am Ausgang des Mittelalters. In: Bremisches Jahrbuch, Bd. 71, Bremen 1992, S. 43–80.

Andreas Röpcke (Hrsg.), Bremische Kirchengeschichte im 19. und 20. Jahrhundert. Bremen 1994 (mit ausführlichen Literaturangaben).

Wilhelm Tacke, Die Prediger legten auch kein weißes Röcklein mehr an. Von der Abschaffung der »papistischen Relikte« in Bremen. In: Jb. d. Ver. f. Niedersächs. Volkstum, Bremen 1996, S. 78–118.

Johannes Göhler, Die Verbreitung der Heiligenverehrung zur Zeit der Christianisierung der Sachsen und ihre Schutzherrschaft über die mittelalterlichen Kirchen im Erzbistum Bremen. In Jahrbuch der Gesellschaft für niedersächsische Kirchengeschichte, 95. Bd., 1997, S. 9–77.

Konrad Elmshäuser, Das Erzbistum Bremen – Grundzüge seiner Geschichte bis zur Reformation. In: Mitteilungen des Vereins für Niedersächsisches Volkstum, 74. Jg., Bremen 1998, S. 7–19.

Wilhelm Tacke, Von Willehad bis Wilhelm. Ein »katholischer« Spaziergang durch Bremen. Verein für Niedersächsisches Volkstum, Mitteilungen, Heft 139, Jg. 74, Bremen 1998, S. 49–145.

Friedrich Seven, Die Bremer Kirchenordnung von 1534 – ihre reformatorische Bedeutung und kirchenrechtliche Tragweite. In: Hospitium Ecclesiae, Bd. 21, Bremen 1998, S. 25–72.

Christine Spiess, Rundflug über das alte Bremen, Gudensberg-Gleichen 1999 (Luftbildaufnahmen vom Dom).
Claus Heitmann, Von Abraham bis Zion. Die Bremische Evangelische Kirche. Bremen 2000.
Ingrid Weibezahn, Das Erzbistum Hamburg-Bremen und sein Missionsauftrag. In: Heiden und Christen – Slawenmission im Mittelalter. Hrsg. von Manfred Gläser, Hans-Joachim Hahn und Ingrid Weibezahn, Lübeck 2002, S. 55–68.
Hans Otte, Die konfessionspolitischen Folgen des Westfälischen Friedens für Bremen. In: Hospitium Ecclesiae, Bd. 22, Bremen 2003, S. 19–38.

St. Petri Dom allgemein

H.W. Rotermund, Geschichte der Domkirche St. Petri zu Bremen, Bremen 1829.
Hermann Alexander Müller, Der Dom zu Bremen und seine Kunstdenkmale, Bremen 1861.
Arthur Fitger, Der Dom zu Bremen, Bremen 1876.
Ernst Ehrhardt, Der Dom in Bremen – Handbuch und Führer, Bremen 1921.
Ernst Ehrhardt, Der Dom in Bremen – Handbuch und Führer, Bremen 1928.
Ursula Wegener, Die lutherische Lateinschule und das Athenaeum am Dom in Bremen in ihrer politischen und kulturellen Bedeutung. Veröffentlichungen des Archivs der Hansestadt Bremen, Bremen 1941.
Domnachrichten 1948ff. (vorh. in Staats- und Universitätsbibliothek Bremen).
Walter Dietsch, Der Dom St. Petri zu Bremen, Bremen 1978.
Der Bremer Dom. Baugeschichte, Ausgrabungen, Kunstschätze. Handbuch und Katalog zur Sonderausstellung, Hefte des Focke-Museums, Nr. 49, Bremen 1979.
Wilhelm Lührs, Der Domshof, Geschichte eines bremischen Platzes, Bremen 1979.
Hans Scheidlin/Werner Kloos/Jürgen Wittstock, Alte Kirchen in und um Bremen. Bremen 1982.
Wilhelm Tacke, Der Bleikeller im Dom zu Bremen, Bremen 1985.
Lieselotte Klink, Johann Hemelings »Diplomatarium fabricae ecclesiae Bremensis« von 1415/20, Hildesheim 1988.
Günther Abramzik, Der St.-Petri-Dom in Bremen, Bremen 1989.
Johann Christian Bosse/Hans Henry Lamotte, Der Dom zu Bremen, Königstein 1989.
Hans Henry Lamotte, Bremen – Rom des Nordens? In : Jb. d. Ver. f. Niedersächs. Volkstum, Bremen 1996, S. 30–35.
Gerhard Meyer, Einiges über die Denkwürdigkeiten der Domkirche in Bremen, 1828. Hrsg. von Dieter Hägermann, Bremen 2001.
Wilhelm Tacke, Ecclesia und Synagoge am Beispiel des Bremer Doms. In: Jb. d. Ver. f. Niedersächs. Volkstum, Heft 141, Bremen 2002, S. 1–39.

Dom-Museum allgemein

Ingrid Weibezahn, Das neue Bremer Dom-Museum. In: Hospitium Ecclesiae, Bd. 15, 1987, S. 197–202.

Ingrid Weibezahn, Dom-Museum Bremen, Kunstführer Schnell & Steiner Nr. 1701, München 1988.

Ingrid Weibezahn, Zur Erweiterung des Dom-Museums. Domnachrichten 4/1995, S. 8–10.

Ingrid Weibezahn, Das Dom-Museum im St. Petri Dom zu Bremen. In: Das Münster. Zeitschrift für christliche Kunst und Kunstwissenschaft, Heft 3/1996, S. 257–261.

Einzelne Kunstwerke des Doms und des Dom-Museums

Altargerät

Alfred Löhr, Bremer Silber. Von den Anfängen bis zum Jugendstil. Handbuch und Katalog, Bremen 1981

Architekturgeschichte

Friedrich Schumacher/Karl Heinz Brandt, Der Dom zu Bremen. Wiederherstellung und Ausgrabungen 1972–1982. Bremen 1982.

Hans-Christoph Hoffmann, 1200 Jahre Dom zu Bremen. Die Erhaltung des Domes im 19. Jahrhundert. In: Hospitium Ecclesiae, Bd. 17, 1989, S. 141–177.

Ausgrabungen

Karl Heinz Brandt, Neue Ausgrabungen und Funde in der Freien Hansestadt Bremen. Bremisches Jahrbuch 1976ff. (jährliche Arbeitsberichte).

Karl Heinz Brandt, Ausgrabungen im Bremer St. Petri-Dom 1974–1976. Ein Vorbericht. Bremen 1977.

Günter Heiderich, Geheimnis des Bleikellers ungelöst. Erster Vorbericht über die »Ausgrabungen im Bremer St. Petri Dom 1974–1976«. In: Weserkurier, 9./10./11. 4. 1977.

Karl Heinz Brandt/Friedrich Schumacher, Der Dom zu Bremen. Wiederherstellung und Ausgrabungen 1972–1982, Bremen 1982.

Karl Heinz Brandt (Hrsg.), Ausgrabungen im St. Petri Dom zu Bremen. Bd. 1: Winfried Henke, Anthropologische Untersuchungen der menschlichen Skelettreste, Stuttgart 1985.

Karl Heinz Brandt, Ausgrabungen im St. Petri Dom zu Bremen. Bd. 2: Die Gräber des Mittelalters und der frühen Neuzeit, Stuttgart 1988.

Bischofsgewänder

Ernst Grohne, Mittelalterliche Seidengewebe aus Erzbischofsgräbern im Bremer Dom. In: Alte Kostbarkeiten aus dem bremischen Kulturbereich, Bremen 1956, S. 107–167.

Ärkebiskoparna fran Bremen. En textilarkeologisk undersökning, hrsg. von Margareta Nockert u. Eva Lundwall, Stockholm 1986.

Ingrid Weibezahn, Konservierte mittelalterliche Grabgewänder im Bremer Dom-Museum. In: Textilkunst 3/1989, S. 123–126.

Ingrid Weibezahn, Neue Bischofsgewänder im Dom-Museum. In: Domnachrichten 4/1990, S. 21–22.

Ingrid Weibezahn, Die Textilfunde aus den mittelalterlichen Bremer Bischofsgräbern. In: Bankhaus Neelmeyer, Geschäftsbericht 1993, Historischer Exkurs, S. 52–68.

Ingrid Weibezahn, Die Mitra des Bremer Erzbischofs Gerhard II. (gest.1258). In: Schätze als Alltag. Dokumente aus kirchlichen Archiven und Bibliotheken. Beitrag der EKD zur Expo. Oktober 2000.

Detlev G. Gross/Hans Henry Lamotte/Ingrid Weibezahn, Dalmatik und Pontifikalschuhe für das Dom-Museum. In: Domnachrichten 1/2001–2002, S. 12–15.

Brunnen

Beate Mielsch, Denkmäler, Freiplastiken, Brunnen in Bremen 1800–1945, Bremen 1980, S. 20, Abb. S. 78; S. 27, Abb. S. 86 u. 88.

Chorgestühl

Alfred Löhr, Das Chorgestühl im Dom zu Bremen. In: Niederdeutsche Beiträge zur Kunstgeschichte, Bd. 13, 1974, S. 123–180.

Wilhelm Tacke, »Seine Herrlichkeit verfällt der Fäulnis und den Würmern«: ein mittelalterlicher Streit, ausgetragen mit dem Schnitzmesser. Anmerkungen zu zwei Wappen an Wange 8 der Reste des Chorgestühls in der Bremer St. Petri Domkirche. In: Hospitium Ecclesiae, Bd. 15, 1987, S. 29–56.

Chorgitter

Karsten Bahnson, Der Dom St. Petri zu Bremen – Chorgitter von Heinrich Gerhard Bücker 1977, Verkaufskatalog, Bremen o. J.

H.G. Bücker, Katalog. Ausstellung im St. Petri Dom, Paderborn 1978.

Cosmas- und Damian-Schrein

Hans Kloft, Reliquien und Volksfrömmigkeit. Betrachtungen zur Verehrung der Heiligen Cosmas und Damian. In: Hospitium Ecclesiae, Bd. 19, S. 7–61.

Diakonie-Tafeln

Richard Rüthnick und Kurd Schulz, Die Diakonie der St. Petri Domkirche zu Bremen, Bremen 1963.

Dombibliothek

B. Bruch, Die alte Bremer Dombibliothek. Ihre Geschichte und die hochromanische Buchmalerei in Bremen. In: Philobiblon IV, 1960, S. 291–353.

Miniaturen und Handschriften des Mittelalters. Katalog der Sonderausstellung des Focke-Museums, Bremen 1975.

Detlev G. Gross, Bremer Dombibliothek wiedereröffnet. In: Domnachrichten 4/2003, S. 11f.

Thomas Joppig, Bücherschatz in neuen Räumen. In: Weser-Kurier, 7.11.2003, Nr. 261, S. 23.

N.N., Relikte aus der Geschichte. In: Weser Report, 12.10.2003, S. 7

Dominventar

Ingrid Weibezahn, Eine spätmittelalterliche Abendmahlsdarstellung aus dem St. Petri Dom. In: Hospitium Ecclesiae, Bd. 17, 1989, S. 35–42.

Ingrid Weibezahn, Die Dom-Inventarisation von Bauherr Gerhard Meyer aus heutiger Sicht. In: Gerhard Meyer, Einiges über die Denkwürdigkeiten der Domkirche in Bremen, 1828. Hrsg. von Dieter Hägermann, Bremen 2001.

Domrestaurierung

Hans-Christoph Hoffmann, Erforschen, Pflegen, Schützen, Erhalten. Ein Vierteljahrhundert Denkmalpflege in der Freien Hansestadt Bremen, Bremen 1998.

Domschatz

Ingrid Weibezahn, Schatzkammerverzeichnis des St. Petri Domes aus der Zeit um 1420. In: Feste und Bräuche in Bremen. Festschrift zum 100. Geburtstag des Focke-Museums. Jahrbuch 1999/2000 der Wittheit zu Bremen. Bremen 2000, S. 25–34.

Gemälde

Ingrid Weibezahn, Ein neues historisches Altargemälde im Bremer Dom. Versuch einer kunsthistorischen Einordnung. In: Bremisches Jahrbuch, Bd. 70, 1991, S. 31–39.

Ingrid Weibezahn, Die mittelalterlichen Wandmalereien im Bremer Dom-Museum. In: Niederdeutsche Beiträge zur Kunstgeschichte, Bd. 32, München/Berlin 1993, S. 75–89.

Ingrid Weibezahn, ›Niederländer‹ im Bremer Dom. Zu einigen Gemälden der niederländischen Schule im Bremer St. Petri Dom. In: Jahrbuch der Wittheit 1995/1996, S. 96–109.

Ingrid Weibezahn, Fitger-Bilder aufgefunden. In: Domnachrichten 3/1996, S. 6–7.

Ingrid Weibezahn, Ein neues Gemälde im Dom-Museum (Ölskizze »Beweinung Christi« von Arthur Fitger). In: Domnachrichten 1/1997, S. 19–20.

Ingrid Weibezahn, Werkstattzusammenhänge. In: Wandmalerei in Niedersachsen, Bremen und im Groninger Land. Fenster in die Vergangenheit. Hrsg. von Rolf-Jürgen Grote u. Kees van der Ploeg, Hannover 2001, Bd. 1, S. 328–333.

Glocken

Ingrid Weibezahn, Die Glocken des St. Petri Doms in Bremen. Zur Geschichte der Domglocken seit 1336. In: Die Orgeln im St. Petri Dom zu Bremen, hrsg. von Uwe Pape, Berlin 2002, S. 153–172.

Grabdenkmäler

Gerd Dettmann, Die Steinepitaphien der bremischen Kirchen und die bremische Bildhauerkunst der Spätrenaissance und des Barock. In: Jahresschrift des Focke-Museums, Bremen 1939, S. 97–168.

A. Börtzler, Lateinische Inschriften Bremens. Schriften der Wittheit zu Bremen, Reihe 20, H. 1, Bremen 1952.

Die Gräber im Bremer St. Petri Dom. Eine biographische, genealogische, soziologische und heraldische Aufarbeitung der dort Begrabenen. In: Blätter der »Maus«, Gesellschaft für Familienforschung e.V. Bremen, Heft 13 (1995)ff. (die Reihe wird fortgesetzt).

Ingrid Weibezahn, »Sie wollten im Tode nachholen, was sie im Leben versäumten.« Drei kleine Epitaphe der Zeit um 1500 im Bremer Dom. »Du sollst auch einen Gnadenstuhl machen.« Epitaph des Vikars Heinrich Borcherdi im Dom-Museum Bremen. In: Jahrbuch des Vereins für Niedersächsisches Volkstum, 1996, 132–147.

Zu mehreren Grabdenkmälern im und am Bremer Bleikeller vgl. diverse kleine Aufsätze von Wilhelm Tacke. In: Allerlei Erbauliches und Beschauliches über den St. Petri Dom und den Bleikeller. Jahrbuch des Vereins für Niedersächsisches Volkstum, Nr. 139, Bremen 1996, S. 150–207 und 225–228.

Ingrid Weibezahn, Lag im sog. Bezelin-Grab wirklich Erzbischof Bezelin? Zur Identifizierung eines Grabes im Bremer St. Petri Dom. In: Bremisches Jahrbuch, Bd. 76, 1997, S. 83–100.

Ingrid Weibezahn, Grabsteine und Epitaphien im Bremer Dom. Kunsthistorische Denkmale von der Romanik bis zum Barock. In: Hospitium Ecclesiae, Bd. 21, 1997/98, S. 81–132.

Ingrid Weibezahn, Vom »treufleissigen Pastor der Königlichen Domkirche« – Historische Grabplatten zum Dom zurückgeführt. In: Domnachrichten 2/1998, S. 14–15.

Ingrid Weibezahn, Alter Grabstein im Kanzleigarten identifiziert. Domnachrichten 4/1998, S. 13–14.

Karl Heinz Brandt, Bemerkung zur Datierung und Identifizierung erzbischöflicher Grablegen im Bremer St. Petri Dom. In: Bremisches Jahrbuch, Bd. 78, 1999, S. 23–41.

Heiligenverehrung

Wilhelm von Bippen, Die St. Annen Brüderschaft in Bremen, Bremen 1909 (Nachdruck 1949, hrsg. von Peter F. Lentz).

P. Beda Kleinschmitt, Die Heilige Anna. Ihre Verehrung in Geschichte, Kunst und Volkstum, Düsseldorf 1930.

Götz Ruempler, Der Pilgerapostel Jacobus Major und seine Beziehungen zu Bremen. Heimat und Volkstum, Bremer Beiträge zur niederdeutschen Volkskunde 1964/65, S. 97–104.

Beiträge zur Geschichte der St. Annen-Brüderschaft in Bremen, Bremen 1969.

Andreas Röpcke, Leben und Nachleben Willehads, Bremen 1987.

Johann Georg Kohl, Über die alten Brüderschaften in Bremen (St. Annen-Brüderschaft, St. Jacobi-Brüderschaft und St. Jacobi-Maioris-Bruderschaft). Nach dem handschriftlichen Original … bearbeitet von Karl Mahlert, Bremen 1996.

Peter Ulrich, Die beiden Heiligen Cosmas und Damian und ihre Verehrung in Bremen – eine Skizze aus evangelischer Sicht. In: Jb. d. Ver. f. Niedersächs. Volkstum, Heft 139, Bremen 1996, S. 117–134.

Wilhelm Tacke, Erbauliches über den teuren, schönen, himmlischen Schatz der heiligen Kirche zu Bremen – Von Aaron bis Willehad – Der Reliquienschatz des Bremer Doms, in: Jb. d. Ver. f. Niedersächs. Volkstum, Heft 140, Bremen 2000, S. 24–49.

Kanzel

Rolf Gramatzki, Bremer Kanzeln aus Renaissance und Barock, Bremen 2001, S. 67–91.

Kirchenmaus

Ortwin Rudloff, Kirchenmaus und Armenbibel. Vom Verstehen mittelalterlicher Kunstwerke, Bremen 1993.

Krypten

Götz Ruempler, Geheimnisvolle Ostkrypta. Versuch einer Deutung des Kapitellschmuckes. Domnachrichten 3/1965, S. 11–14.

Hans Henry Lamotte, 925 Jahre Westkrypta – zur Bau- und Kunstgeschichte. In: Jb. d. Ver. f. Niedersächs. Volkstum, Bremen 1996, S. 18–29.

Kurd Fleige, Vorchristliche Weltuntergangsvorstellungen als Thema christlicher Heilsverkündigung. Romanische Säulenkapitelle aus Hildesheim, Bremen und Freising im Vergleich. In: Jb. d. Ver. f. Niedersächs. Volkstum Heft 140, Bremen 2000, S. 7–23.

Ingrid Weibezahn, Die Kapitelle in der Ostkrypta des Bremer Domes. In: Kirche – Kaufmann – Kabeljau. 1000 Jahre Bremer Islandfahrt. Katalog zur Sonderausstellung in Reykjavik, Bremen 2000, S. 23–32.

Musikgeschichte

125 Jahre Bremer Domchor, Bremen 1981.

Klaus Blum, 1200 Jahre Kirchenmusik in Bremen: 1000 Jahre Musik nach Noten. In: Hospitium Ecclesiae, Bd. 15, 1987, S. 9–28.

Oliver Rosteck, Bremische Musikgeschichte von der Reformation bis zur Mitte des 18. Jahrhunderts. (Phil. Diss.) Bremen 1999.

Orgeln

Fritz Piersig/Richard Liesche, Die Orgeln im Bremer Dom, Bremen 1939.

Die Orgeln im St. Petri Dom zu Bremen, hrsg. von Uwe Pape, Berlin 2002.

Plastik

Götz Ruempler, Köpfe im Bremer Dom – Versuch einer Deutung. In: Domnachrichten, Nr. 4/1960, S. 7–9.

Alfred Löhr, Die Heilige Corona und ihre mittelalterlichen Darstellungen in Bremen. In: Bremisches Jahrbuch, Bd. 66, 1988, S. 47–58.

Reinhard Karrenbrock, Evert van Roden, der Meister des Hochaltars der Osnabrücker Johannis-Kirche, Osnabrück 1992.

Ingrid Weibezahn, Neues Kunstwerk im Dom-Museum (Gnadenstuhl-Epitaph). In: Domnachrichten 4/1996, S. 22–24.

Reinhard Karrenbrock, Westfalen – Bremen – Niederlande. Westfälische Bildhauer des späten Mittelalters in Bremen. In: Bremen und die Niederlande. Jahrbuch der Wittheit zu Bremen. Bremen 1997, S. 40–61.

Wilhelm Tacke, Der Figurenfries der lettnerartig ausgebildeten Orgelempore. Versuch einer Deutung. In: Wilhelm Tacke, Allerlei Erbauliches und Beschauliches über den St. Petri Dom und den Bleikeller. Jb. des Vereins für Niedersächsisches Volkstum, Bd. 139, Bremen 1996, S. 36–77.
Patricia M. Räbiger, Zwei eigenartige kunst- und religionsgeschichtlich interessante Skulpturenwerke: Die beiden Biblia-Pauperum-Reliefs aus dem Domsumgang zu Bremen. In: Wilhelm Tacke, Allerlei Erbauliches und Beschauliches über den St. Petri Dom und den Bleikeller. Jb. des Vereins für Niedersächsisches Volkstum, Bd. 139, Bremen 1996, S. 253–318.
Ingrid Weibezahn, Rätsel der Fassadenfiguren gelöst. In: Domnachrichten 4/2001, S. 10–12.

Predigerhäuser auf der Dominsel

Peter Ulrich, »Dominus providebit« – »Der Herr wird Vorsorge tragen.« Die Predigerhäuser auf der Dominsel erzählen Bremer (Kirchen)geschichte. In: Detlev G. Gross, Peter Ulrich (Hrsg.), Bremer Häuser erzählen Geschichte, 2. Bd., Bremen 2001, S. 31–42.

Taufbecken

Reinhold Spichal, Jedem das Seine, Bremen 1990 (Angaben für die Messeinheit des Taufbeckens S. 147ff.).
Silvia Schlegel, Das Bronzetaufbecken im Bremer St. Petri Dom. In: Bremisches Jahrbuch, Bd. 74/75, Bremen 1995/96, S. 29–66.

Tierplastik

Götz Ruempler, Die Dommaus – eine »arme Kirchenmaus«? In: Domnachrichten 4/1999, S. 14–15.
Götz Ruempler, Die Fledermaus im Bremer Dom – »Ein Mittelthier zwischen Vogel und Mauß«. In: Domnachrichten 3/2000, S. 14–17.
Götz Ruempler, Rabe, Schlange, Wolf und Eierkopf – Ostkrypta-Kapitelle jetzt auch im Dom-Museum. In: Domnachrichten 2/2001, S. 14–18.
Götz Ruempler, Das Kamel in der Baukunst des Mittelalters und im Bremer Dom. In: Domnachrichten 1/2001–2002, S. 16–18.
Götz Ruempler, Mittelalterliche Menschen- und Tierköpfe im Bremer Dom – Symbol oder Ornament? In: Hospitium Ecclesiae, Bd. 22, 2003, S. 55–73.

Türzieher

Walter M. Brod, Relicta ecclesiae ordinis St. Johannis in Herbipoli. In: Mainfränkisches Jahrbuch für Geschichte und Kunst, Bd. 28, 1976.

Wandmalereien
Der Dom birgt noch Überraschungen. Bei Restaurierungsarbeiten Originalmalereien von Schaper freigelegt. In: Weser-Kurier, 17.2.1978.
Winfried Wessendorf, Im uralten Dom nicht ganz so alte Dekors. (Zu den Schaper-Malereien.) In: Die Welt, 20.2.1978.
Ingrid Weibezahn, Die mittelalterlichen Wandmalereien im Bremer Dom-Museum. In: Niederdeutsche Beiträge zur Kunstgeschichte, Bd. 32, München/Berlin 1993, S. 75–89.

Personenregister

Weitere Titel in der Edition Temmen:

Peter Koster
Chronik der Kaiserlichen Freien Reichs- und Hansestadt Bremen 1600–1700
hrsg. von Hartmut Müller
508 S., 100 Abb.
ISBN 3-86108-687-5
78.00 €

Hans-Hermann Meyer
Die Bremer Altstadt
Wanderungen in die Vergangenheit
406 S., 553 Abb.
ISBN 3-86108-686-7
29.90 €

Herbert Schwarzwälder
Das Große Bremen-Lexikon
2 Bde., ca. 7500 Stichworte
1014 S., ca. 1300 Abb.
ISBN 3-86108-693-X
58.00 €

Der **»Roland zu Bremen«** en miniature in drei Größen:
16 cm, 7.90 €
26 cm, 12.90 €
33,5 cm, 19.90 €

Dietmar von Reeken (Hg.)
Unser Lieben Frauen
Die Geschichte der ältesten Gemeinde Bremens von den Anfängen bis zur Gegenwart
288 S., 120 Abb.
ISBN 3-86108-677-8
19.90 €

Wilhelm Tacke
Klöster in Bremen
Über 800 Jahre Konfessionsgeschichte der Freien Hansestadt Bremen
192 S., 97 Abb.
ISBN 3-86108-545-3
19.90 €

Peter Meier-Hüsing/ Dirk Otten
Handbuch der religiösen Gemeinschaften in Bremen
200 S.
ISBN 3-86108-694-8
19.90 €